La pesadilla del samsara

Con base en las enseñanzas de Tenzin Gyatso, el XIV Dalai Lama

Kalama Sadak

BODHI

Para Rocío Pérez Carlos,
para que no vuelvas a los patios
interiores de los infiernos,
para que estés bien, feliz y en paz.

Oh Ananda
Sé tu propia luz, tu propio abrigo
No vayas a buscar fuera el refugio.
Sostén de manera decidida la verdad como una lámpara
Sostén sólidamente la verdad como un refugio.
No busques ningún refugio fuera de ti.

EL BUDA, *EL LIBRO DEL GRAN DECESO*

Por lo tanto aquí, oh monjes, cualquier materia
(sensación, percepción, formaciones mentales y conciencia)
pasada, futura o presente,
interna o externa,
vasta o sutil,
superior o inferior,
distante o cercana
debe ser considerada
con recto entendimiento
de acuerdo con la realidad,
"esto no es mío, esto no soy yo,
esto no es mi alma".

EL BUDA, *ANATTALAKKHANA-SUTTA*

Índice

Presentación

*

En la vasta y fascinante iconografía budista, existe una imagen sumamente poderosa que es la del Buda sentado debajo del árbol *bodhi* en su momento culminante de iluminación, tocando la Tierra con su mano derecha, invocándola como testigo para certificar su gran logro: el haber penetrado en la realidad última de todo lo existente, la naturaleza búdica de todos los seres y de todas las cosas, mientras también aparece la inexorable contingencia, insustancialidad e impermanencia de todos los fenómenos condicionados. Son las dos caras de la misma moneda. Esto es lo que el Buda descubre.

Aceptar una implica reconocer la otra. Justo en ese punto indefinido entre el ocaso y el alba, entre la luz y la oscuridad, debatiéndose en medio de sus compulsiones rígidas y repetitivas, todo tipo de tentaciones, incluso las del orgullo, aquel ligado a la victoria, en la antesala de un acontecimiento decisivo, justo ahí, en ese mismo momento, Buda le pide ayuda a la Tierra; toca la Tierra, toca aquello de lo cual está hecho, se toca a sí mismo. Mara le hace una pregunta: quién te va a creer, quién va a creer que lo que descubriste es cierto. Ahí toca todo lo que *es*, abraza a través de un acto inusualmente valiente de intimidad la totalidad de su experiencia, y como producto de este acercamiento, de este mirar como un espejo, desaparece justamente su efecto nocivo y aterrador.

Aceptando y conociendo plenamente el *samsara* es que este pierde su poder, su garra sobre nosotros. Debajo del árbol de la iluminación, el Buda logra aclarar su mente y abrir su corazón. Devela el camino de la misericordia y la compasión hacia todo lo existente. Por eso es tan importante la aparición en nuestro medio del libro de Kalama Sadak, *La pesadilla del samsara*, porque la única manera de empezar a liberarnos del sufrimiento es a través de la toma de una cabal conciencia de la misma.

Kalama Sadak hace un completo recorrido por las enseñanzas de Tenzin Gyatso, el XIV Dalai Lama, encarnación de la más profunda compasión, el buda de los mil brazos, aquel que destella amor para todo ser sintiente y que indica cual es la salida del sufrimiento. A diferencia de las teologías judío-cristianas que prevalecen en Occidente, para el budismo no existe una noción equivalente de pecado original; digamos un defecto o equivocación de entrada, o una culpa con la que eternamente debamos cargar. La equivocación en todo caso sería nuestra concepción o visión distorsionada de las cosas, la cual nos lleva a vivir en la ignorancia de la verdadera naturaleza del mundo: la inextricable interdependencia de todos los seres, su radical interconexión, el hecho de nuestra total dependencia hacia todo lo que nos rodea para poder sobrevivir.

Es esta postura de ignorancia la que nos sujeta al odio, a la avaricia y a las visiones ilusorias, la que nos encierra en una supuesta solidez que por ningún lado ha de encontrarse, más que en el mundo solipsista y egoísta de nuestras propias construcciones. Aquí es donde sufrimos tremendamente, donde padecemos de un sentimiento incurable de enajenación y separación, y también, tristemente, donde hacemos sufrir a los demás, a nuestros semejantes, a otras especies, al planeta entero. Este es el lugar de la pesadilla, la pantalla donde se desarrolla su enorme poder repetitivo y destructivo.

Pero para el budismo la vida, *esta vida*, es una gran oportunidad. Es una oportunidad para *despertar*. Nuestro sufrimiento es parte de las Nobles Verdades, y es noble precisamente porque si no fuera por éste no nos daríamos cuenta de las posibilidades que encierra la vida, y de nuestro mismo potencial. El sufrimiento es la fuente que puede conducirnos a querer asentar nuestra existencia sobre otras bases, otras intenciones, por ejemplo, la de querer ayudar a otros seres en sus caminos, la de querer trabajar con nuestros apegos y compulsiones, entrar por todas las puertas del *dharma*, aprender de nuestros errores y experiencias, y realizar así en este mundo la vida que el Buda propuso. Es porque sufrimos que podemos cultivar y desarrollar virtudes como la paciencia, la perseverancia, la generosidad, la moralidad, la meditación y la sabiduría. Se vuelve indispensable, absolutamente necesario, y no sólo para poder sobrevivir como especie en este planeta, sino para que nuestras vidas cobren un nuevo significado, se asienten en un impulso que nos invite a vivir de manera más plena.

Como ejemplo viviente, el Dalai Lama habla de su confianza en el valor de una responsabilidad universal, de una espiritualidad que puede desenvolverse de forma ya sea religiosa o laica, dependiendo de los intereses y proclividades de cada cual. En el libro que ahora tenemos en nuestras manos, Kalama Sadak penetra y refleja esta corriente de pensamiento, esencial para nuestros días. Nos enseña de manera erudita y cuidadosa el paso posible de la pesadilla al sueño, los ingredientes de la construcción que nos atrapa (el *samsara*), y que el conocerlos, comprenderlos, nos permitiría hacer más factible su posible transformación. Nos ayuda a intuir mejor esa gran visión de Buda y de todos los Budas, de los incondicionales que se han atrevido a tocar la Tierra, para poder vivir en ella, convivir con ella, desplegar así su inefable naturaleza sagrada, su intención original, la realidad de todo su esplendor.

Sergio Stern Nicolayevsky
Xalapa, Veracruz, México

Introducción

La presente obra está fundamentada en los libros y enseñanzas de Tenzin Gyatso, el XIV Dalai Lama. Cada capítulo es relativamente independiente de los demás, de suerte que si bien el lector puede leerlos en función de sus intereses intelectuales y espirituales, lo más recomendable es que siga una secuencia continua, ya que el nivel de análisis y de exposición se incrementa en la medida en que se avanza en los capítulos.

El contenido de este libro constituye un reconocimiento a las enseñanzas (dharma) del XIV Dalai Lama, ya que su disciplina, su sabiduría y su compasión enriquecen a quienes vivimos en este mundo moderno, urbano, saturado de turbulencias, conflictos personales y sociales, donde prevalecen los sufrimientos, desde las masivas hambrunas africanas, pasando por las guerras del Medio Oriente, hasta la crisis ambiental generada por la irresponsabilidad en el consumo del agua, de la energía, de los bosques y de los demás recursos naturales. En la actual crisis de proporciones globales sobresalen los estados de depresión masiva, de estrés y soledad que ahora sufre más del 25% de la población mundial del siglo XXI.

Tenzin Gyatso nació en 1935, en un pueblo campesino, lejos del Tíbet[1] central llamado Tsing-hai o Takser, en una región conocida como Amdo en el oriente tibetano; fue hijo de una familia campesina pobre, cuya madre tuvo 16 hijos. Cuando apenas contaba con cinco años de edad, fue proclamado Dalai Lama (Océano de sabiduría);[2] es la catorceava reencarnación del primer Dalai Lama que nació en 1351; el XIII Dalai Lama murió en 1933. Tradicionalmente los dalai lamas se han identificado con el Buda de la compasión –Chenresig en tibetano–, que es el Buda Avalokitesvara, el de mil brazos que destella amor para todo ser animado y sintiente y que consuela y protege del sufrimiento.

---

[1] Como el Tíbet se ubica en el corazón del Asia central, en la más grande meseta existente en el mundo, en muchos textos se le llama "el país de las nubes". En la actualidad pertenece políticamente a la República Popular China. Cuenta con alrededor de 2.5 millones de kilómetros cuadrados y tiene una altitud promedio de 4 000 metros sobre el nivel del mar. Está situado al norte de la India, Nepal, Bhután y Burma; al suroeste colinda con la República de Turkistán. La meseta tibetana se encuentra conectada al sur por las inmensas montañas de los Himalayas y al norte por las montañas Latín Tagh y Gangkar Chogley. Por el lado oeste por las montañas Karakoram y por el este por las montañas Minyak y Khawakarpo. El aislamiento geográfico del Tíbet fue una de las causas de su intenso desarrollo espiritual budista autóctono de más de mil años de tradición, pero paradójicamente también facilitó la invasión militar y política de China a este territorio a principios de la década de los cincuenta.

[2] El pueblo tibetano no se refiere al XIV Dalai Lama con ese nombre; lo llaman simplemente Kundun, que quiere decir "La presencia", o Yeshe Norbu, que significa "Gema que concede todos los deseos. Dado que los dalai lamas son reencarnaciones del Buda de la compasión, se trata de un nombre que identifica la estancia en este mundo de dicho Buda manifestada en el cuerpo físico de Tenzin Gyatso.

A partir de los cuatro años tuvo un intenso proceso educativo dejando de lado la libertad de una infancia sencilla y tranquila; se le enseñó la mayoría de las prácticas budistas que en aquel entonces formaban la base ritual y devocional de dicha religión. A una edad muy temprana ya era un personaje central en varias ceremonias del Estado religioso tibetano; con apenas seis años cumplidos destaca su capacidad de participar en diversos debates filosóficos. Y a los 15 años tiene que asumir el mando del gobierno del Tíbet por razones de seguridad de Estado, ya que con esto el aparato gubernamental deseaba unificar y centralizar la lucha diplomática y política contra la invasión del ejército chino.[3]

A los 23 años de edad realizó una disertación frente a más de mil personas, lo que fue algo parecido a un examen de posgrado frente a cientos de sinodales, para "graduarse" con el título de Geshe (amigo espiritual), que es equiparable a un doctorado en budismo en el sistema educativo occidental. El Dalai Lama tuvo a los mejores maestros y lamas del mundo del budismo tibetano de aquel entonces; por eso no es de extrañar que sea una de las personas más letradas y eruditas en los sutras y textos fundacionales del budismo, y en particular del budismo de su tierra natal. Poco tiempo después, en marzo de 1959, se ve obligado a salir clandestinamente de la ciudad capital de Lhasa, hacia la India, debido a que el consejo de gobierno había decidido que su vida corría un grave peligro dada la represión masiva que el gobierno de China realizó ese año en el Tíbet; desgraciadamente en la actuali-

[3] Para mayor información sobre la vida personal, religiosa y política del Dalai Lama, es muy recomendable leer su autobiografía: *Memorias del Dalai Lama del Tíbet*, Edivisión, México, 1988.

dad sigue sucediendo ante la indiferencia de la mayoría de los países desarrollados y democráticos.

El ejército del gobierno de China había invadido el Tíbet desde 1950, con el pretexto inaudito de que esa región del mundo, llamada poéticamente "el país de las nubes", era históricamente parte de su geografía. Para 1959, el XIV Dalai Lama se vio obligado a exiliarse de su querido país; la India lo aceptó con alrededor de 100 000 tibetanos más, y les proporcionó un territorio al norte, hoy llamado el Tíbet en exilio: Dharamsala, un espacio en medio de los Himalayas que había sido un encalve británico.

Se estima que desde 1950 a la fecha han fallecido más de seis millones de tibetanos por exigir la liberación del Tíbet y oponerse a la invasión china; muchos de ellos han muerto en cárceles como presos políticos, otros fueron asesinados en las rebeliones y la mayoría por castigos, por carecer de empleo y comida y por tortura. Los países democráticos, con honrosas excepciones como Suiza y, en general, la ONU, no han hecho absolutamente nada para detener este magnicidio sobre la población tibetana, hoy minoría en su propio territorio, pues China ha llevado a cabo una invasión masiva por medio de ciudadanos de su país en el Tíbet como un mecanismo para garantizar la permanencia y "legitimidad" de su política imperialista e invasora. A principios del siglo XXI, se estima que hay más de siete millones de chinos en las diversas regiones de ese país.

En 1989 le fue concedido el Premio Nóbel de la Paz al XIV Dalai Lama en virtud de su lucha por la autonomía tibetana utilizando medios pacíficos y compasivos. El discurso que pronunció en esa ocasión sigue siendo un memorable documento a favor de la compasión, la libertad y autonomía del pueblo tibetano; este texto se reproduce en el anexos V.

Hoy en día, el Dalai Lama es reconocido prácticamente en todo el mundo como uno de los mejores exponentes del budismo en general, y del budismo tibetano mahayana en particular. De hecho es el monje budista más conocido en Occidente y en gran parte de Oriente, no sólo por su constante peregrinar por muchos países para exponer la situación de sufrimiento y explotación del pueblo tibetano, sino también porque es un excelente expositor de la filosofía y práctica del budismo. Es, en pocas palabras, un gran maestro, un conferencista magistral y una persona que promueve el diálogo entre las religiones y las ciencias, en especial con la neurociencia y la física.

Tenzin Gyatso, el XIV Dalai Lama –de aquí en adelante lo llamaré simplemente el Dalai Lama– es el líder político y espiritual de la mayoría del pueblo tibetano. En el budismo tibetano hoy en día existen cuatro escuelas que tienen representación tanto en Oriente como en Occidente. Algunas de ellas se practican dentro del territorio tibetano, bajo un estricto control autoritario y dictatorial por parte del gobierno de China. Las escuelas Kagyü y Geluk tienen una mayor presencia, pero también son relevantes otras dos escuelas del budismo tibetano: Nyingma y Sakya. Estas escuelas cuentan con su linaje y su propia estructura organizativa y en general son autónomas unas de otras, aunque conviven e intercambiar prácticas y doctrinas de forma cotidiana y bastante regular.

El Dalai Lama es el líder espiritual y moral de la escuela Geluk que fundó en el siglo X el erudito de Dipankara Atisha (982-1054); su obra más conocida y que forja la tradición del Lam Rim –camino gradual a la iluminación– se llama *Una luz en el camino*. La escuela Geluk se fundamentó en la escuela Kadampa que fue inaugurada a mediados del siglo

VIII por Shantideva con su magistral obra *Guía de las obras del Bodhisatva*, también traducida como *La marcha hacia la luz.*[4]

La escuela Geluk se consolida en el siglo XIIII con las enseñanzas de Tsolgkhapa (1357-1419), que logra organizar a monjes y laicos bajo el código del *Vinaya* y de acuerdo con los principios de la sabiduría y compasión que la literatura y práctica mahayana establecía en aquel entonces. La tradición en esta escuela descansa en la formación estricta en la teoría, esto es, tiende hacia una formación académica muy rigurosa así como al estudio y debate de los textos y a la práctica discursiva por medio de la lógica y el razonamiento. La escuela Geluk tiene sustento ahora en los linajes de los panchen lamas y de los dalai lamas.[5]

El objetivo del presente libro queda muy bien definido en las palabras que expresa Sogyal Rimpoché en uno de sus

---

[4] Esta obra es la base para posteriores textos muy reconocidos en el budismo como los *Ocho versos para el adiestramiento de la mente de Langri Tangpa* y la obra de Chekhaua, *Adiestramiento de la mente en siete puntos*. Estos textos son analizados por el Dalai Lama, y serán objeto de estudio en el presente libro.

[5] En el contexto del budismo tibetano también son importantes las otras tres escuelas. La escuela de los nyingmas, la más antigua del Tíbet, se originó en los siglos VII y VIII con la llegada a este país de Padmasambhava y Shantarakshita; precisamente el famoso libro *Tibetan Book of the Dead* (*Libro tibetano de los muertos*) es producto de esta escuela. Kagyü tiene su origen en Marpa (1012-1098); Milarepa fue su más destacado discípulo; se trata de una escuela que ha creado grandes maestros y de cierta manera tiene muchos lazos con la escuela Nyingma. Por último, Sakya, fundada por Könchok Gyelpo (1034-1102), linaje que le da la misma importancia al budismo mahayana que al tántrico; tiene fuertes debates con la escuela de los gelukpas por cuestiones de interpretación de los textos sagrados.

breves, pero maravillosos textos, cuando dice que el Dalai Lama presenta el Dharma de dos formas. La primera, que es la que procuramos reseñar aquí, ofrece las enseñanzas:

> *Sin ningún propósito de exclusividad ni conversión pero de una manera lo más abierta y extendida posible, para ser útiles a las gentes de todas partes, sea cual sea su procedencia o su fe. Puesto que el corazón del Budadarma, la Visión esencial, es tan sumamente práctico, sencillo y a la vez profundo, puede enriquecer y profundizar la comprensión de cualquier persona, al margen del camino espiritual que siga. La segunda, dirigida a aquellos que tienen un sincero deseo de seguir el Dharma, consiste en exponer las enseñanzas de tal manera que puedan seguir un camino completo y minucioso en cualquiera de las tradiciones.*[6]

La mayoría de sus libros conllevan enseñanzas profundas y extensos diálogos con diversos budólogos y destacados científicos, casi todos ellos especialistas en las ciencias de la mente. Una de las más destacadas características del Dalai Lama, y en general de la práctica del budismo, estriba en su disponibilidad para revisar sus hipótesis y teorías con base en los resultados de las ciencias naturales. Él explora incasablemente diversas áreas de la ciencia, entre otras, la física subatómica, la cosmología, la biología y la psicología.

Queda de manifiesto su interés por crear los puentes de diálogos entre el budismo y las ciencias naturales, de ahí que fuera promotor del Instituto Mente y Vida (Mind and Life Institute), que ha desarrollado investigaciones respecto a las ciencias neurológicas, comportamiento humano y la doctri-

---

[6] Sogyal Rimpoché, *El futuro del budismo*, ediciones Urano, España, 2004, p. 18.

na budista centrada principalmente en las cualidades de la mente. En la física cuántica el Dalai Lama se apoya en las lecturas y diálogos de con dos expertos de reconocimiento mundial con quienes ha departido mucho tiempo: Carl von Wiezsacker y David Bohm. Respecto al campo de la neurociencia y biología sus trabajos se ubican en la práctica académica y experimental de los eminentes científicos, ya fallecidos, Robert Livingstone y el chileno Francisco Varela.[7]

Fue en 1987 cuando se dio el primer encuentro titulado Mente y vida; éste fue el inicio de una serie de reuniones mundiales que aún se siguen organizando de forma conjunta entre el Instituto citado y la estructura de apoyo a las actividades del Dalai Lama.[8]

El objetivo de los trabajos del Dalai Lama consiste en estudiar los resultados científicos más innovadores y recientes de las ciencias de la mente. Gracias a la flexibilidad y a las visiones relativas, es decir, objetivas y lógicas, generadas por la metodología de la vacuidad y las enseñanzas de la compasión, el budismo forja una fuerte determinación hacia el

---

[7] Vea la Conferencia del Dalai Lama con motivo del encuentro anual de la Sociedad para el Estudio de la Neurociencia, celebrado el 12 de noviembre de 2005 en Washington, D. C. El discurso completo se encuentra en www.dalailama.org. En español está publicado en los *Cuadernos de budismo*, publicación trimestral de la editorial Dharma, segunda época, núm. 57, verano de 2006, pp. 10 a 13, España. www.edicionesdharma. com.

[8] La mayoría de los encuentros del Instituto Mente y Vida que se realizan anualmente son publicados en forma de libros; entre los más conocidos se encuentran el de Francisco J. Varela y Dalai Lama, *El sueño, los sueños y la muerte*, publicado por la editorial José J. Olañeta, serie Mandala, España, 1998, y el de Daniel Goleman, *Emociones destructivas. Un diálogo científico con el Dalai Lama*, ediciones B, Argentina, 2004.

cambio y adaptación al mundo contemporáneo, característica muy destacable que el budismo profesa y practica.[9]

El Dalai Lama se autodefine como "un simple monje budista", experto en las artes expositivas y analíticas de los sutras y tantras o enseñanzas de Buda. Su interés por las ciencias hace que sus reflexiones se acerquen de manera admirable a la dialéctica y a las metodologías científicas. Por eso ha declarado en varias conferencias que si las ciencias demuestran que un principio o una hipótesis de la doctrina budista está equivocada, no habría ninguna razón para seguir sosteniendo aquella hipótesis clásica y tradicional: la doctrina deberá ajustarse a los nuevos conocimientos de la ciencia y a las técnicas modernas. De hecho, la relativización de esta concepción del mundo es su mejor garantía de supervivencia; crea los cimientos sólidos para posteriores desarrollos y convicciones adaptables a los nuevos tiempos.

¿Qué enseña el Dalai Lama? Básicamente lo que se puede llamar la esencia del budismo, un conjunto de conocimientos y prácticas que conducen a la liberación de las per-

---

[9] El Dalai Lama ha confesado en varias entrevistas cuál es su rutina diaria: se levanta a las tres o cuatro de la madrugada. De cuatro a cinco realiza meditaciones y prácticas devocionales. Alrededor de las ocho de la mañana toma un pequeño desayuno. Posteriormente le dedica un tiempo a los asuntos del gobierno del Tíbet en el exilio. No es estrictamente un vegetariano, pero procura no comer carne. En la tarde vuelve hacer algunas meditaciones, sigue con estudios y lecturas, y procura desahogar las tareas que quedaron pendientes por la mañana; luego recibe visitas. Ya en la noche, cena ligeramente y se va a dormir entre las ocho y nueve. Esta rutina la establece cuando no está de viaje. Ahora bien, al realizar recorridos al extranjero, procura llevar la misma rutina, ajustando obviamente los horarios y las tareas. Para una mayor información al respecto, se puede consultar el libro de Felicitas Von Schönborn, *Conversaciones con el Dalai Lama*.

turbaciones mentales y aflicciones emocionales por medio del adiestramiento de la mente y a través del cultivo, intenso y profundo, de la sabiduría y la compasión. Estos discernimientos y prácticas están encauzados a producir estados estables y sostenidos de felicidad y a ejercer ciertas técnicas para dejar de lado los estados mentales de sufrimiento e insatisfacción, causantes, sin lugar a dudas, de los enormes daños que los hombres y mujeres nos hacemos a nosotros mismos, a los demás y a la propia naturaleza y a sus elementos: tierra, agua, aire y fuego.

Es natural e instintivo, afirma el Dalai Lama, que todo ser sintiente busque la felicidad y trate de escapar del sufrimiento; al menos, agregamos nosotros, cuando uno no es masoquista. Todas las energías y los recursos humanos, financieros y materiales se ordenan en función de lograr la felicidad y evitar el sufrimiento.

Basado en las enseñanzas del XIV Dalai Lama, *La pesadilla del samsara* se divide en seis capítulos. Su estructura responde a los principios cardinales del budismo, que van desde la descripción y análisis de las causas, condiciones y agregados de la perenne insatisfacción que todo ser humano padece en esta tierra de imperfecciones, de conflictos y de sensaciones de dolor, hasta la consideración de propuestas metodológicas, tanto teóricas como prácticas, adaptables a las culturas y modos del ser de las diversas sociedades occidentales.

El samsara se define como una realidad construida por estados mentales perturbados y por un conjunto de emociones afligidas que a su vez son reflejadas en el universo que construimos cotidianamente. Lo que más se destaca del mundo samsárico es que las ideas, creencias y hábitos mentales que lo crearon se repiten incesantemente de manera constante y viciosa: son pensamientos, palabras y actos que manifiestan el sufrimiento de todo ser animado; ello se debe al hecho de que como seres humanos existe una férrea resistencia e ignorancia al flujo natural y lógico de los elementos que constituyen la vida. Por ese motivo las enseñanzas del Dalai Lama, y en general del budismo, casi siempre inician con las llamadas cuatro nobles verdades, tema del primer capítulo del presente libro.

Las cuatro nobles verdades conforman, en síntesis, una estructura analítica que parte de que la naturaleza de la vida terrenal es el vivir de manera perseverante en la insatisfacción y con sufrimientos; la causa directa de las vivencias dolorosas estriba, en primer lugar, en la ansiedad de los deseos de apego y aferramiento que tenemos sobre los objetos queridos. En segundo lugar, en la existencia de la aversión y rechazo sobre los objetos de odio, de las cosas que no queremos; y, en tercer lugar, en los estados de indiferencia e ignorancia. Todo el drama del sufrimiento y de sus causas son, a decir del budismo básico, fenómenos mentales que, por lo tanto, pueden cesar. Y cesan con la aplicación del Noble Óctuple Camino que engloba tres áreas humanas: ética y moral, concentración y meditación, y sabiduría o visión correcta de las cosas.

Comprender de forma analítica y vivencial las implicaciones de la existencia misma del sufrimiento y la insatisfacción, o *dukha*, significa dar el primer paso. Posteriormente se debe identificar de dónde provienen la insatisfacción y el sufrimiento. Ya que, parecen existir por un conjunto de causas entre las que destacan el deseo egoísta del apego o aferramiento, la aversión o rechazo y la indiferencia e ignorancia.

Estos tres estados existenciales, a su vez, se originan y provienen de la separación y desencuentro entre la persona y el mundo que lo rodea; esto es, por la creencia en una individualidad única, sólida, separada e independiente del contexto que la genera; entidad que se concibe como apartada de los demás, el yo. Por tanto, si las causas de dukha, el elemento central del mundo samsárico, se encuentran en la mente (la insatisfacción es un estado mental que compara directamente lo que es con lo que debería ser, futuro, o con lo que fue, pasado), es en ella donde puede cesar su presencia. Si esto es así, entonces hay que retomar un camino mental o espiritual capaz de superar dichos estados mentales perturbados y afligidos.

En el segundo capítulo se exponen las cualidades que tiene esa realidad samsárica: la impermanencia, la insatisfacción y lo que se llama, quizá de una forma muy poco afortunada, la vacuidad de los fenómenos. Todo elemento del universo, tanto si es materia inerte o un complejo de agregados biológicamente constituidos, se caracterizan por su constante cambio; nada puede ser estático bajo estas condiciones; de hecho la existencia primaria es un devenir de millones y millones de formas que asumen los fenómenos en un eterno proceso de cambios en las formas.

Para una mente sensible, esta formación ininterrumpida de escenas, donde nada es igual a nada, aparece como una verdadera pesadilla: ninguna identidad de apego puede garantizar una estabilidad duradera, segura, sólida y concreta; por tanto, en el samsara nunca se logra la plena satisfacción y descanso, porque todo es cambio, todo se mueve, no hay ni una materia subatómica estable y permanente. Con esta visión se puede apreciar el nivel tan alto que tiene para el budismo y para el Dalai Lama, el concepto de vacuidad: la no-existencia de esencias duraderas, perennes, de los fenómenos animados e inanimados.

Uno de los temas más apasionantes para el Dalai Lama es el de las emociones, y en particular de aquellas que causan la perturbación de la paz mental. En este sentido, en el tercer capítulo, "Perturbaciones mentales y aflicciones emocionales", se aborda el porqué de estos pensamientos y sentimientos negativos así como un intento de explicación de las causas y condiciones que los hacen crecer y aparecer como elementos connaturales a la conciencia humana. En este capítulo se destaca la consideración del Dalai Lama en cuanto a la hipótesis de que esas perturbaciones y aflicciones no son parte constitutiva y original, natural, de la mente humana, sino que provienen de factores externos a ella; es decir, se derivan de las malas interpretaciones que las personas hacen sobre las condiciones reales de la existencia humana, de sus circunstancias y eventos.

Al comprender las causas y las condiciones de las perturbaciones mentales y las aflicciones emocionales se adquiere una profunda visión que es capaz de eliminar las ilusiones y los engaños que las sensaciones y percepciones construyen en nuestra mente como conceptos, ideas, pensamientos, creencias y hábitos. En la medida en que aparecen las percepciones egocentristas en el yo, en esa misma medida la "mirada" de las personas se extravían en interpretaciones falsas e incorrectas de la realidad.

En el cuarto capítulo se exponen otras importantes consideraciones sobre el mundo samsárico. El Dalai Lama desarrolla la idea de que las percepciones erróneas se derivan de las perspectivas respecto al pasado y al futuro y de la presencia profunda e inconsciente de los llamados Tres Venenos: la codicia o apego, el odio o la aversión y la ignorancia o indiferencia. Los profundos prejuicios mentales que tenemos los seres humanos derivados de hábitos y patrones mentales establecidos, y que nos dan identidad existencial y social como personas, hacen que se refrenden las acciones incorrectas en un círculo vicioso: una y otra vez caemos en los mismos problemas pues tendemos a responder de modo similar frente a circunstancias diversas. Así es como prevalecen y despuntan los estados mentales en el samsara. Es un mundo invadido de malestar, sufrimiento e imperfección en donde los pensamientos, palabras y acciones que lo causan se repiten *ad infinitum* en los ámbitos personal, moral, económico y cultural.

En el quinto capítulo se exponen diversos temas relevantes desde el punto de vista de una mentalidad occidental, establecida preferentemente en la lógica y sobre la racionalidad de las cosas. De ahí que se discierne sobre un asunto muy espinoso y difícil en las metodologías de investigación, tanto en las ciencias sociales como en las naturales: el modo de aparecer de las cosas y fenómenos y su manera real de ser, de existir. La división racionalista entre sujeto y objeto, o como se dice en la jerga sociológica, entre el observador y lo observado, es un estadio del conocimiento dominado por la ilusión de las ciencias que conocen y determinado por el engaño de la visión dualista que ha prevalecido durante siglos en las consideraciones científicas y tecnológicas.

Por eso, en esta parte del libro se plantean las ideas que al respecto ha expuesto Dalai Lama referente a que la visión mundana de la dualidad metodológica, aunque es una artimaña de la mente ignorante, también establece un escenario "real". Aquí el análisis se complica porque de hecho se penetra en espacios de reflexiones que bordean las fronteras de la metafísica y de la especulación filosófica.

Pero el Dalai Lama solventa esta situación diferenciando las apariencias –los modos de presentarse de los fenómenos– de la negación categórica de existencias de sustancias, de presencias de inherencias dentro de ellas. La mejor manera de solucionar esta paradoja de la vida, que se resume en que se ve la apariencia que no existe y no se ve lo que no se aparece en la mente, estriba en analizar la existencia conforme a dos verdades: una que define lo convencional y lo relativo y, otra que define la verdad absoluta, algo así como la presencia preeminente de lo real.

Resuelto de manera metodológica el problema de la visión que se tiene sobre las cosas de la existencia, que permite al budismo establecer una cosmovisión crítica e iluminada, conviene compaginar la práctica espiritual con diversas técnicas capaces de inyectar energía tanto al cultivo de la compasión como al crecimiento de la sabiduría como respuesta al sufrimiento.

Por tanto, el sexto capítulo, "El largo camino de Buda", está dedicado a las consideraciones prácticas del progreso espiritual, según las enseñanzas del XIV Dalai Lama, al ideal del *bodhisattva*. Se ofrece una reseña del sendero espiritual y del concepto de la compasión como la actitud central de los budistas, y en particular de las personas que recorren el camino gradual del bodhisattva, que incluye la práctica de las seis perfecciones, llamadas paramitas y también se expone el cultivo de los cuatros inconmensurables.

Los paramitas son las virtudes o normas de conducta e inspiración indispensables en todo camino espiritual, de forma general son: generosidad, caridad o altruismo; moralidad y ética; diligencia y esfuerzo; paciencia; sabiduría; y, meditación. Los cuatro inconmensurables se definen con relación a una acción integral, holística, del cuerpo, la mente y la palabra que tienen la increíble característica de que cuanto más se invierte en ellos, crecen más, de manera ilimitada, es decir, son incapaces de consumirse y disminuir al generarse. Se trata de *metta* (amor bondadoso y absolutamente desinteresado), *karuna* (compasión: el deseo práctico para que los seres animados dejen de sufrir), *mudita* (el estado de contento) y *upeksha* (ecuanimidad: la virtud de la objetividad para observar tal y como son las cosas y los fenómenos). Los dos primeros estados inconmensurables entran en la esfera del cultivo de la mente de bondad y los otras dos definen una vida sostenida por prácticas de alegría.

Al final de este libro se incluye una sección de anexos relativos a las principales inquietudes e intereses que el Dalai Lama ha manifestado a través de sus casi 65 libros hasta hoy editados en inglés, de los cuales más o menos la mitad de ellos están publicados en español.[10]

La pesadilla del samsara nace como un proyecto inspirado en un programa de enseñanzas que el Dalai Lama efectuó en la ciudad de México en octubre de 2004,[11] y en el que el autor participó. Con base en este programa y en la re-

---

[10] La presente obra está sustentada en algunos libros del Dalai Lama, la mayoría de ellos recogen conferencias y enseñanzas, otros son entrevistas o diálogos, privados y públicos, y selecciones de párrafos y discursos. La bibliografía se ordenó de acuerdo con el año de edición. Con objeto de que el lector conozca la referencia de los diversos textos del Dalai Lama, en las notas bibliográficas a pie de página se señala el título de la obra, el año de edición y la página de referencia. También se incluye una lista completa de los libros y documentos hasta hoy publicados por el Dalai Lama. Se respeta la forma como se escribe el nombre del autor en la portada de cada libro. El Dalai Lama es referido de varias formas en los textos: a veces se encuentra como Tensin Guiatso (también se escribe Tenzin Gyatso), en ocasiones sólo como el XIV Dalai Lama, o bien como S. S. Dalai Lama.

[11] El programa de esta memorable visita llevó por título "Dalai Lama, Tour de la Paz, México, octubre 3-8, 2004", e incluyó eventos tanto en el Auditorio Nacional, como en el Teatro Metropólitan, ambos en la ciudad de México.

flexión ordenada de diversos textos y enseñanzas del Dalai Lama, quien esto escribe empezó a desarrollar la idea de elaborar dos libros exclusivamente con las propuestas y enseñanzas del Dalai Lama; éste es el primero de ellos. El segundo lleva como título *El arte de estar bien.*

El autor tuvo el honor de ser saludado personalmente por este destacado monje budista durante su visita a México; de hecho, ahí fue donde se sembró la semilla de este libro, que es un sencillo homenaje al Dalai Lama quien con tanta lucidez, sabiduría y compasión va por el mundo con la certeza de que la paz y la construcción de sociedades justas y no violentas, amigables con el medio ambiente y respetuosas de las diferencias y de las culturas, es una utopía realizable en el presente.

En el programa de visita del Dalai Lama a la ciudad de México participamos en varias enseñanzas. Vino acompañado de destacados maestros del budismo tibetano lo cual amplió sustancialmente el dharma que se expuso. El curso del Dalai Lama se basó en las enseñanzas derivadas del texto "Entrenamiento mental en siete puntos"[12] de Gueshe Chekawa. Paralelamente a esta enseñanza se impartieron otras y se realizaron eventos complementarios:

Gueshe Lhundub Sopa, director de Deer Park Buddhist Center, de Madison, Wisconsin, EUA, impartió la conferencia "La gran compasión y la bondad como fuente de la paz permanente". El texto sagrado de Geshe Langri Thangpa ti-

---

[12] Los siete puntos son: I: Prácticas preliminares de entrenamiento mental; II: La práctica principal: entrenamiento en las dos bodhichittas; III. Transformación de las circunstancias adversas en el camino al despertar; IV. Una síntesis de la práctica para una vida; V. Criterios para evaluar nuestro progreso en el entrenamiento mental; VI. Compromisos del entrenamiento mental, y VII. Preceptos del entrenamiento mental.

tulado *Los ocho versos del entrenamiento mental* (que se reproduce en la sección de anexos) fue comentado por Gueshe Lobsang Gyatso, abad del monasterio de Drepung Loseling, India. Al final del evento se realizó una ceremonia de iniciación de Chenrezig de cuatro manos (el Bodisatva Avalokiteshvara), que es el Buda de la compasión infinita, encabezada por el abad del monasterio de Sera Ye, también de la India, Gueshe Lobsang Dönyo.

Este programa se llevó a cabo en virtud del entusiasmo de numerosas personas e instituciones que participaron en su patrocinio y organización, entre las que destacan Casa Tíbet México, Instituto Loseling de México, la Oficina del Tíbet en Nueva York, el Consejo Nacional para la Cultura y las Artes de México; varios monasterios, como el mencionado Deer Park Buddhist Center, el de Drepung Loseling, el de Sera-Ye de la India y el Instituto Loseling de Atlanta, EUA. Las enseñanzas del Dalai Lama fueron traducidas directamente por el destacado budólogo tibetano argentino Gerardo Abboud, que realizó una excelente interpretación de las enseñanzas expuestas.

Cientos de mexicanos tuvimos la oportunidad de penetrar en la profunda sabiduría amorosa del budismo tibetano y bajo una relación directa entre maestros y discípulos.

Buda Shakiamuni vivió hace alrededor de 2 550 años en el norte de la India; era hijo de un rey feudal, y su nombre laico fue Siddartha Gautama,[13] pero renunció al destino hereditario de su familia y su comunidad para dedicarse a comprender el sufrimiento humano,[14] así como a las técnicas,

---

[13] El nombre completo de Siddartha era Savarthasiddh, que significa "el que hace prosperar todo".

[14] Existe muchos estudios académicos y literarios sobre la vida y obra de Siddharta, el Buda; se recomienda la lectura de las dos novelas intituladas

métodos y conocimiento cuyos objetivos fueran liberarse del sufrimiento de manera definitiva. Todas sus prácticas y enseñanzas procuran realizar un ejercicio de introspección capaz de cultivar la conciencia de la conciencia, o sea, la capacidad de darse cuenta de que se da cuenta: la conciencia.

Cabe suponer que después de tantos años, el dharma (las enseñanzas de Buda y el de sus más fieles discípulos y posteriores maestros de linaje) haya sufrido cambios y recorrido diversos caminos de realización, casi siempre dependiendo del país y de la cultura específica donde se desenvuelven. El Budadarma, o sea las enseñanzas específicas de Buda, se ha desarrollado por tres vías, o vehículos, como preferimos decir los budistas:

- Vehículo fundamental, llamado también Hinayana, cuyo núcleo dhármico es abstenerse de causar daño a uno mismo y a los demás. Aquí se encuentran también las escuelas hoy mundialmente reconocidas de Theravana y Vipassana. Su ideal de persona es el Arahat, aquél que trasciende el samsara.
- Vehículo mayor, llamado también Mahayana, cuyo núcleo dhármico es cultivar una profunda sabiduría sobre la existencia real de las cosas y una compasión universal hacia todo ser viviente; dentro de este ve-

---

El príncipe Siddharta de Ferruccio Parazzoli y Patricia Chendi; y *Las cuatro nobles verdades y la sonrisa de Buda*, editorial Grijalbo. Asimismo, de Sangharakshita, *¿Quién es el Buda?*, Editorial Fundación Tres Joyas. Otros dos libros recomendables son el de Carlo Coccioli, *Buda y su glorioso mundo*, de la editorial Lectorum, y el de Lionel Dumarcet, *Buda y el budismo*, de editorial De Vecchi. Y en el contexto de los clásicos, la novela de Hermann Hesse, *Siddartha*, 1927, y una de las más bellas historias contadas en Occidente: *La luz de Asia* de Edwin Arnold, 1879.

hículo se encuentra, entre otros, el zen y todas sus derivaciones. El prototipo ideal de *mahayana* es el bodhisattva: aquel que busca una mente de iluminación, ayudando a los demás.

- Vehículo tántrico, llamado también *Vajrayana* o Vehículo Diamantino, cuyo núcleo dhármico está en función de desarrollar una percepción pura por medio de un proceso de identificación directa con alguna cualidad sustantiva de los budas. El arquetipo en este camino es el *Mahassiddha*: aquel que se integra con las cualidades divinas y virtudes de los budas.

Estos vehículos del dharma son caminos eficientes y hábiles para modificar –reeducar dice el Dalai Lama– los estados mentales negativos y destructivos y transformarlos en estados mentales puros y positivos. De esta forma, constituyen vías que requieren un considerable cúmulo de conocimientos y entendimiento de hipótesis y teorías, así como de una práctica constante.

Se puede afirmar que el dharma original del Buda está ubicado en la comprensión, entendimiento y asimilación existencial de cuatro temas fundamentales. El primero se refiere a que toda existencia mundana y condicionada implica la cualidad de experimentar sufrimiento. Así, se dice que nacer, enfermar, envejecer y morir es sufrimiento. Pero también es sufrimiento desear algo y no tenerlo; tener algo y no desearlo y perder algo que deseamos.

El segundo tema esencial es el de la existencia humana. Para Buda, tener vida como seres humanos, además de ser un privilegio se trata de una bendición, ya que las probabilidades de renacer con cuerpos no humanos son infinitamente mayores. A la vida humana se le considera valiosa porque si bien es muy difícil de conseguir, resulta sumamente fácil de perder: la fragilidad de la existencia corporal hace de los seres humanos una joya que hay que potenciar hacia la liberación y la iluminación.

El dharma desarrolla la cuestión de la impermanencia y la muerte como un argumento sustancial en las enseñanzas. Este tercer tema plantea que tanto intelectual como vivencialmente todo cambia, nada permanece igual; por tanto, la construcción del Ser, en las cosas inanimadas y animadas es un engaño, pura ilusión. Dado el cambio perenne, el momento de la muerte misma se convierte en algo incierto, tanto en el tiempo como en el espacio, así como en el modo de suceder. La idea de la enseñanza sobre la impermanencia consiste en ejercer un adiestramiento mental para evitar y desacreditar el apego y aferramiento a elementos de identidad personal y social, que son agregados internos y externos, y que tienen la inevitable función de algún momento desaparecer.

El cuarto tema esencial del dharma tiene que ver con las consecuencias de nuestras acciones, llamado en la literatura budista el karma. La idea pedagógica, en este nivel expositivo, es bastante lineal y sencilla: acciones cargadas de virtud y bondad establecen las condiciones para experimentar estados de felicidad. Y, de forma inversa, acciones cargadas de codicia, aversión, odio e ignorancia crean las condiciones y las causas para experimentar estados de sufrimiento e insatisfacción. Por tanto, es por medio de la percepción y la atención profunda como se puede prevenir la creación de karmas negativos y garantizar, al mismo tiempo, que las acciones se identifiquen con impulsos benéficos tanto para uno mismo como para los demás, y así crear las bases de la felicidad y la satisfacción.

Lo importante aquí es destacar que el budismo tiene su origen en el planteamiento de las cuatro nobles verdades; casi todos sus temas abordan, en sus puntos centrales o de manera periférica, esas cuatro verdades. En este primer libro se explica el tema desde la perspectiva de cómo observa el budismo la realidad, partiendo de que la mente humana, de acuerdo con las tendencias kármicas y los malos hábitos, distorsionan esa realidad por la existencia de perturbaciones metales y las aflicciones emocionales; en pocas palabras, se sufre porque se está hundido en engaños e ilusiones: creemos que los pensamientos son la realidad. Por eso las verdades liberan a la mente de sus propias pesadillas.

En fin, espero haber logrado el objetivo de exponer, de manera resumida, clara y precisa, las ideas y prácticas más destacadas que Tenzin Gyatso, el XIV Dalai Lama, ha venido presentado por años al mundo, principalmente a la cultura occidental y cristiana. En este sentido, asumo plenamente la responsabilidad de los planteamientos aquí exhibidos y de la interpretación de sus ideas; si llegase a tener errores, pido disculpas sinceramente.

También pido perdón en el caso de que nuestra didáctica pedagógica no haya logrado cumplir el objetivo de reflejar correctamente algún tema del budismo tibetano que enseña el XIV Dalai Lama, que hasta hoy es una de las más bellas cosmologías conocidas en el planeta, puesto que la finalidad consiste en lograr estados de felicidad; y de esta manera, enfrentar y superar el sufrimiento y las circunstancias dolorosas y frustrantes que vivimos como seres sintientes.

No pretendemos en este libro agotar todos los temas que estudia y expone el Dalai Lama, sólo nos conformamos con exponer los más significativos; el objetivo general es comprender, estudiar y difundir el budismo desde el punto de vista de los textos y conferencias del Dalai Lama. En el siguiente libro, *El arte de estar bien*, se desarrollarán temas complementarios como son los conceptos de felicidad y alegría; el karma; el significado del adiestramiento budista y el Noble Óctuple Camino.

El libro que el lector tiene en sus manos termina con un análisis de las tres maneras de aprender el Budadarma y con una breve exposición sobre lo que el Dalai Lama plantea como la responsabilidad universal y la espiritualidad laica. La pesadilla del samsara pretende aportar, como una gota de agua más en la inmensidad de los océanos, la fuerza para que todos los seres animados logremos los estados perennes de bienestar, felicidad y de paz, que sin lugar a dudas ha sido el máximo deseo de cada uno de los dalai lamas en este mundo.

Finalmente, para aquellos lectores, grupos, centros o instituciones interesados en organizar conferencias, talleres y cursos por parte del autor, por favor consulten el recuadro al final del libro o directamente en la página web www.kalamas.org.mx.

Namo Budaya
Namo Dharmaya
Namo Sanghaya
Namo Dalai Lama
¡Om mani pamc hum!

1

Las cuatro nobles verdades

Existe el sufrimiento (dukha)

Todos los objetos tienen una identidad, algunos asumen formas biológicas, otras físicas y muchos más son objetos puramente mentales. En una primera definición, el *dharma* hace referencia a los elementos o cualidades que le dan identidad a cualquier objeto o fenómeno existente. Pero en el terreno de las enseñanzas del Dalai Lama, implica una idea más compleja: es todo aquello que nos ayuda a "mantenernos a resguardo de una amenazador desastre [...] es todo aquello que puede salvar".[15]

¿De qué salva el dharma, la enseñanza budista? Del sufrimiento. Para el budismo, el sufrimiento (en sánscrito *dukha* y en tibetano, *sdug-bsngal*) significa un estado de malestar existencial que se experimenta por una tensión o desfase entre la existencia y la realidad; por eso, el sufrimiento en el contexto budista tiene mucho más que ver con la frustración

[15] *Introducción al budismo tibetano*, 2004, p. 29.

y la ansiedad que con el dolor mismo, aunque no se descarta este último.

El espacio físico, temporal y mental donde se desenvuelve el sufrimiento de todo ser sintiente, sea humano o no, se llama *samsara*. Este concepto hace evidente que la existencia actual, cuyo estado mental recurrente y dominante es dukha, refleja los impactos y consecuencias de las acciones pasadas, así como las intenciones y motivaciones futuras de los seres conscientes; en otras palabras, es el proceso repetitivo y monótono de los ciclos de nacer, vivir, morir y renacer; proceso cíclico condicionado relativamente por el karma, por los efectos de las acciones realizadas en el pasado que hallan condiciones adecuadas en el presente para expresarse como experiencias vividas.

¿Qué es samsara? Un modo de existencia que engloba de manera intensiva y voluminosa estados mentales y corporales de malestar, frustración, ansiedad, dolor y miedo; se resume en la insatisfacción y desalineación mental con respecto a la realidad. El malestar surge por la sencilla razón de nacer, envejecer, enfermar y morir; la frustración se origina por no tener lo que se desea; la ansiedad nace de perder lo que se desea; el dolor aparece por tener lo que no se desea, y el miedo, por último, se produce por la existencia directa y llana de sufrir.

Para el budismo, el fenómeno de la existencia de los seres sintientes se define como una inmensa rueda cuyo movimiento central se caracteriza por el sufrimiento.[16] La imperfección de la existencia psicobiológica y el apego obsesivo a esa existencia, que no debe confundirse con la energía natural de Eros, establecen el universo donde es posible la pre-

---

[16] *Samsara*, 2002, p. 147.

sencia del sufrimiento como una constante en los procesos de vida.

Para analizar con mayor serenidad y profundidad el sufrimiento, y así poder enfrentarlo adecuadamente, resulta vital comprender que existen tres tipos de sufrimiento que el Dalai Lama suele recordar en sus conferencias y libros:

a. El sufrimiento evidente, identificado como dolor físico principalmente.
b. El sufrimiento del cambio, determinado como aquellas experiencias que son placenteras en un primer momento, pero que de manera inmediata se vuelven experiencias de sufrimiento y hasta de dolor.
c. El sufrimiento omnipresente y genérico, que es el factor básico de identidad de una vida determinada por cientos y miles de causas, condiciones y elementos constitutivos o agregados en conflicto y absolutamente impermanentes.[17]

Dukha, por tanto, se constituye en un concepto central en el sistema doctrinario del budismo, aunque el Dalai Lama no está muy de acuerdo en que se traduzca como "sufrimiento"; para él es más adecuado traducirlo como insatisfacción, o un estado de tensión y angustia. Cuando se hace referencia a dukha como un estado de dolor físico se habla básicamente de cuatro estadios por los que atraviesa toda existencia animada: nacimiento, enfermedad, vejez y muerte, que pueden identificarse con aflicción, lamentación y desesperación. A estos cuatro estados inevitables de dukha se suman otros tres

---

[17] *Mundos en armonía*, 2001, p. 177.

que a lo largo de la vida adquieren una dimensión exacerbada por el deseo: estar "unidos a lo que no nos gusta"; estar "separados de lo que nos gusta, sin conseguir lo que queremos", y por último, perder lo que queremos.[18]

Lo importante en este análisis sobre el sufrimiento es asumir que lo que hace sufrir a los seres animados son aquellos componentes a los que la conciencia se aferra. Los elementos constitutivos de las personas son los agregados que conforman el cuerpo, por un lado, y la mente, por el otro. Todos agrupados en una síntesis a los que se puede denominar el "yo" y lo "mío". Dukha existe en el cuerpo y en la mente, en cada uno de sus agregados.

Dado ese sufrimiento extensivo, los seres humanos sustentan su reproducción constante y repetitiva debido a que no conocen sus causas reales; debido a la ignorancia las acciones mentales, verbales y corporales se convierten a su vez en fuente constante en el incremento y consolidación del sufrimiento, que tiende a crecer en la medida en que se ignoran sus verdaderas causas. Por eso la base principal de las enseñanzas budistas son las cuatro nobles verdades: la verdad del sufrimiento, sus causas, la posibilidad de cesar ese sufrimiento y el sendero que conduce a erradicar el sufrimiento.[19]

En otras palabras, el Dalai Lama sostiene que la raíz de la doctrina budista se encuentra en las cuatro nobles verdades[20] (los verdaderos sufrimientos, las fuentes, las cesaciones y los caminos) que están organizadas en dos grupos que corres-

---

[18] *El ojo de la sabiduría*, 2001, p. 139. Aquí las frases entrecomilladas son citas de Buda que el Dalai Lama refiere en su texto.

[19] *La visión interior*, 2001, p. 17.

[20] Las cuatro nobles verdades constituyen el primer destello de sabiduría que el Buda experimenta inmediatamente después de haber logrado la

ponden a la dinámica de las causas y sus efectos: "el sufrimiento y sus fuentes, y el fin del sufrimiento y los caminos para realizar ese fin".[21]

En la didáctica del budismo se acostumbra explicar estas cuatro verdades por medio de una analogía con la enfermedad. Para el sistema integral de pensamiento del budismo, todos los tipos de sufrimiento son una enfermedad; las causas y condiciones que provocan ese sufrimiento son sus fuentes: toxinas, virus, gérmenes, infecciones, alergias, malformaciones celulares y otros elementos producen un padecimiento. El punto es que todo organismo vivo se enferma y que los dolores de esa afección representan la verdad del sufrimiento, *dukha* (primera verdad).

Los microbios, gérmenes y demás elementos perniciosos simbolizan la verdad del origen del sufrimiento, *sumudhaya*. Sus causas, como ya se vio, son múltiples (segunda verdad). El diagnóstico adecuado y objetivo de las causas de la enfermedad crea la posibilidad de la curación (tercera verdad), de liberarse de ese mal mediante la cesación de los elementos perniciosos, *nirodha*. Por último, la terapia y las medicinas recomendadas para cesar las causas que producen la enfermedad son los verdaderos caminos, *marga* (la cuarta verdad).[22]

En otros términos, se puede decir que las cuatro nobles verdades iluminan el estado real de la existencia que parte de

---

iluminación bajo el árbol Bodhi. De ahí que se le llama "El primer discurso de la puesta en movimiento de la rueda de la doctrina (Dharma). En sánscrito es llamado Dhammacakkappavattana-sutta. Se puede consultar en español en www.librosbudistas.com.

[21] *Un acercamiento a la mente lúcida*, 1994, p. 24.

[22] *Pacificar la mente*, 2000, p. 40.

que vivir es sufrimiento; éste es el diagnóstico del mal que invade a cualquier ser animado. Más adelante se indagan las causas, que se encuentran, como se verá en los siguientes apartados, en el deseo ansioso de apego, de aversión y de confusión. Al identificar el mal y descubrir sus fuentes, se logra eliminar sus causas; la idea en este sentido es clara: la supresión de los deseos ansiosos conduce a la eliminación del sufrimiento.

Para la cesación de ese mal, de esa ansiedad y frustración, es necesario recorrer el camino sagrado llamado Noble Óctuple Sendero "que dice así: creer, pensar, hablar, actuar, aspirar a algo, recordar y ensimismarse de manera apropiada".[23]

Sin lugar a dudas, las cuatro nobles verdades concentran lo que se puede considerar el pensamiento de Buda Shakiamuni y están acompañadas por cuatro axiomas que vienen a establecer no sólo la enseñanza, sino el camino sagrado de la ruta budista:

"*1.* Todas las cosas condicionadas son contingentes,

2. aquello que es ultrajado por estados mentales negativos produce necesariamente sufrimiento,

3. todo está vacío de una esencia fija o sustancia, y

4. el nirvana es la verdadera paz".[24]

Como se verá en el segundo capítulo, los llamados tres sellos de la realidad son derivaciones de las propias cuatro nobles verdades en la medida en que explican por qué existe el su-

---

[23] *Conversaciones con el Dalai Lama*, 2005, p. 185.

[24] *El buen corazón*, 2000, p. 141.

frimiento como un efecto obvio de las cualidades y características del universo, de sus principios y leyes.

La primera noble verdad depende de las imperfecciones en la organización y comportamiento de los órganos vivos: los sistemas biológicos tienden a la fatalidad, o sea, a la fatalidad en la medida en que las enfermedades (o dislocaciones en y entre los diversos subsistemas de vida) aparecen como un proyecto consustancial al proceso de nacer, crecer y morir. Como lo dice el Dalai Lama, descubriendo la existencia de la enfermedad, se descubre al mismo tiempo porqué la vida humana está impregnada de sufrimiento.

La vida así concebida es realmente un proceso condicionado por cientos y miles de causas, cuya principal cualidad consiste en estar en constante cambio, en un perpetuo estado de diferenciación; a este movimiento lo define el tercer tipo de sufrimiento señalado en párrafos anteriores. Se trata de la producción del sufrimiento como un hecho inevitable en la vida dado que se ignora o se tiene un mal conocimiento o confusión acerca de la naturaleza de los fenómenos y de las cosas, lo cual permite que el sufrimiento, dukha, se reproduzca de manera constante y de manera ampliada.[25]

La persistencia en las creencias, hábitos y patrones mentales hacen imposible ver las “cosas tal y como son”; la pésima gestión que tenemos sobre los elementos que interactúan en cada uno de nosotros, hecho o situación, provoca que la mayoría de las experiencias se impregnen de un “mal sabor” y de insatisfacción; de un cierto malestar porque las cosas no son como se suponen que deben ser. Dada la ignorancia de cómo son las cosas y la tensión que engendran los deseos frente a las realidades, la aparición de dukha se hace

---

[25] *Las cuatro nobles verdades*, 2002, p. 51.

constante e incontrolable, y los problemas se consolidan en su recurrencia cotidiana: se crean las causas y las condiciones del sufrimiento de manera permanente al repetir una y otra vez los mismos errores debido a la ignorancia.

Los fenómenos del samsara y, por ende, de dukha en la mente y el cuerpo de los seres vivientes, aparecen en tres niveles. El primero se refiere a la existencia evidente del fenómeno; se experimenta de manera directa, sin intermediación conceptual alguna, y por ello el fenómeno se comprende relativamente bien: cuando hay un accidente, un dolor muscular, cuando el espíritu está triste y acongojado. En un segundo nivel, se requiere aplicar ciertos procesos mentales para poder deducir el fenómeno aplicando consideraciones lógicas y racionales a partir de premisas evidentes. Por ejemplo, se deduce fuego a lo lejos cuando desde una distancia considerable se observa el humo; se deduce alguna enfermedad al identificar los síntomas.

Por último, existe un tercer nivel de la presencia de los fenómenos del samsara que tiene que ver con los testimonios de terceras personas o, en su caso, por alguna consideración de textos y escrituras, esto es, por el principio de la autoridad.[26] Por ejemplo, las consideraciones en los espíritus o en el renacimiento.

El sufrimiento aparece en cada uno de estos tres niveles, por lo cual es un fenómeno complejo. De ahí que el tercer tipo de sufrimiento, que se establece a través del principio de la condicionalidad de los elementos constituyentes de la mente y del cuerpo, corresponde al segundo y tercer niveles de los fenómenos. El sufrimiento omnipresente y genérico

---

[26] *El poder de la compasión*, 2001, p. 120.

resulta del karma pasado y de los pensamientos perturbados y las emociones aflictivas, así como de la ignorancia.[27]

Este tipo de sufrimiento se caracteriza por ser el más difícil de comprender y, por consiguiente, de diagnosticar y enfrentar: la presencia de los agregados (partes constitutivas) de la mente y del cuerpo hace que los recursos de cada uno de los sistemas ahí subyacentes sean vulnerables a dos fenómenos consustanciales a la existencia: al cambio y al deterioro.[28]

Así que los tres tipos de sufrimiento, el físico, el del cambio y el omnipresente o condicionado, existen no sólo como fenómenos evidentes, lógicos y sigilosos, sino que tienden a crecer en el campo del samsara. ¿Por qué tienden hacia el crecimiento y no hacia su disminución, dado el desarrollo de las ciencias y de la tecnología hoy en día? Porque sencillamente el sufrimiento, entendido en la doctrina del Buda, es un estado interno de los seres animados debido al falso entendimiento de sus causas y condiciones. Con frecuencia se tiende a su perpetuación en la medida en que se recuerdan mentalmente las heridas o se sobredimensionan las injusticias y los daños sufridos durante la vida. Una y otra vez se recurre a los recuerdos dolorosos, y una y otra vez nacen el miedo y las angustias por el futuro.

---

[27] *La meditación paso a paso*, 2001, p. 61.

[28] El Dalai Lama pone el ejemplo de que a veces nos podemos sentir bien físicamente, sin padecer el primer tipo de sufrimiento, del evidente, y también nos encontrarnos relativamente bien con los procesos del cambio tanto al interior como al exterior de nuestras vidas, y de todas formas nos sentimos insatisfechos y acongojados: no hay dolor ni perturbaciones frente a los cambios, y aun así, sufrimos. Esta sensación es el sufrimiento omnipresente y genérico. *Ibídem*, p. 61.

En efecto, el dolor y el sufrimiento son "hechos inevitables en la vida"[29] que definen el "modo usual y habitual" de la experimentación de un ser que siente; es importante destacar que el sentir sufrimiento es el primer requisito para conectarse realmente con los demás.

Hay dos maneras de enfrentarse al sufrimiento: por un lado está el sufrimiento evitable, tanto físico como mental, por ejemplo aquellos estados de malestar que nacen de las guerras, de las crisis, de hambrunas, de la violencia o de la pobreza; y por otro lado los sufrimientos inevitables, que incluyen los fenómenos que ya se anotaron sobre el nacimiento, las enfermedades, la vejez y la muerte. Cuando el Dalai Lama habla del sufrimiento se refiere a los dos tipos. Obviamente que en algunos momentos de su existencia los seres sintientes pueden sentir satisfacción, paz y felicidad; pero estando inmersos en el samsara, estos estados son temporales e intermitentes, en la mayoría de los casos se encuentran contaminados por el odio, la codicia y la ignorancia.[30]

También se puede decir que hay una predisposición o tendencia al sufrimiento, un porcentaje explicado por la genética histórica u otro tanto derivado de las condiciones ambientales socioeconómicas y culturales. Es por eso que aunque existan estados de plenitud mental y física, de un momento a otro aflora el estado de dukha. Los mismos estados de placer y alegría incluyen sufrimiento ya sea por llevar a niveles insostenibles ese placer o simplemente porque a través del tiempo se dan cambios significativos del sistema que en el pasado experimentaba placer o satisfacción.[31] Por

---

[29] *El arte de vivir en el nuevo milenio*, 2000, p. 141.

[30] *La meditación paso a paso*, 2001, p. 60.

[31] *Samsara*, 2002, p. 26.

ejemplo, cuando estamos contentos por ingerir una excelente comida después de sufrir hambre; en este caso hay dos propensiones al sufrimiento: por una parte, si seguimos comiendo y comiendo seguramente llegará un momento en que el sistema digestivo se verá imposibilitado para procesar la excesiva cantidad de alimentos, entrando en un proceso de tensión y dolor. Por otra parte, a las cuatro a seis horas siguientes, volveremos a sentir hambre y tendremos que volver a comer. Por eso, para el budismo todo placer tiene la propensión (tendencia) a generar sufrimiento.

Otro ejemplo que el Dalai Lama expone "es la compra de un coche nuevo. En el momento de obtenerlo nos sentimos muy contentos y satisfechos, pero en la medida en que lo vamos utilizando surgen los problemas: la carrocería se deteriora, el sistema eléctrico falla, los neumáticos se desgastan y desinflan y se presenta una serie de desperfectos que sufre cualquier cuerpo material mecánico.[32]

Entonces, la idea de que las sensaciones placenteras –que tienen mucho que ver con la realización de los deseos– causan sufrimiento es una de las hipótesis más difíciles de asimilar en el mundo occidental, porque en éste estamos acostumbrados a contraponer el placer al dolor; cuando en realidad no se contraponen, e incluso suelen ser complementarios.

Para comprender ese tipo de sufrimiento, el del cambio, hay que considerar que la base de esta potencialidad sufriente de los placeres y del cumplimiento de los deseos es la insatisfacción.[33] Recordemos que el tercer tipo de sufrimiento lo experimentamos toda vez que estamos delimitados por las condiciones de la existencia misma; es ésa la sensación que

---

[32] *Un acercamiento a la mente lúcida*, 1994, p. 25.

[33] *El buen corazón*, 2000, p. 170.

se sufre por la sencilla razón de ser ignorantes, no iluminados, sujetos, por lo tanto, a las sensaciones, emociones, pensamientos y acciones negativas, propensos a la desilusión, es decir, productores de dolor y de frustración dados los karmas que se generan por las acciones.

En otras palabras, el campo del samsara está dominado por las emociones, pensamientos y acciones negativos; por ello el simple hecho de vivir se convierte en un estado implícitamente sufriente creándose así un círculo vicioso: al experimentar emociones y pensamientos negativos se reproducen las causas de sufrimiento que por ignorancia vuelven a reproducir las emociones y los pensamientos negativos. Este proceso gira, como una inmensa rueda, una y otra vez en el samsara hasta que se convierte en un estado natural, lógico e inevitable, en suma, en un modo determinando de existir.

El Dalai Lama, y la mayoría de las escuelas de budismo, hablan de ocho prototipos de sufrimiento que se experimentan en el transcurso de una vida normal, como ya se ha visto: "*1)* nacimiento; *2)* envejecimiento; *3)* enfermedad; *4)* muerte; *5)* la frustración de encontrar lo que no se desea; *6)* el estar separado de lo que es agradable; *7)* no obtener lo que es deseable aunque lo hayamos perseguido denodadamente; y *8)* en resumen, estar atados a nuestros cinco agregados" que constituyen el cuerpo físico, las sensaciones, las percepciones, la volición de las acciones y la conciencia.[34]

Por tanto, todo placer depende de los niveles directos de alivio que genera para disminuir o hacer desaparecer el sufrimiento. Pero en los hechos, éste se encuentra en forma laten-

---

[34] Para la doctrina budista, estos cinco agregados o partes constituyentes de todo ser con capacidad consciente es la definición básica de persona.

te o manifiesta en toda experiencia humana, de ahí que el drama de la vida lo genere la omnipresencia del sufrimiento.

Las causas son el deseo de apego, de aversión e ignorancia

Samsara es, pues, un estadio de la existencia que se caracteriza por la presencia masiva, inevitable y repetitiva de dukha; toda existencia animada está sometida a los procesos causales y condicionantes que en parte determinan su aparición, su desarrollo y, por último, su desintegración como unidad biológica individual. El no aceptar este estado de cosas, el resistirse a su inevitabilidad o el recurrir a algunos mecanismos para su olvido o represión, crea la confusión mental o ignorancia (*magrita*, en tibetano). Hay diversos estados de ignorancia en "los que emerge dicha confusión".[35] En estos términos el Dalai Lama insiste en que la ignorancia no permite la verdadera alegría, la auténtica felicidad, y que tiende más hacia la ilusión de los buenos deseos que al placer o la verdadera alegría.

La ignorancia de los factores que determinan y condicionan la existencia de las personas tiene varias implicaciones y consideraciones. Por ejemplo, la existencia queda delimitada dadas las proyecciones que la mente realiza; éstas a su vez están correlacionadas con las sensaciones que se generan por el contacto con factores internos y externos al cuerpo.

Cualquier estado emocional sustentado en la ignorancia se caracteriza por ser negativo, lo cual crea una serie compleja de respuestas y experiencias. Dos emociones sensitivas de-

---

[35] *Las cuatro nobles verdades*, 2002, p. 53.

terminan el mundo de las percepciones y de las acciones humanas que ahí se fijan: el apego o aferramiento (adhesión) y el odio o la hostilidad (agresión). Una tercera emoción, que en Occidente no se definiría como tal, pero en la cultura cosmológica de Oriente resulta admisible, es la indiferencia o ignorancia.

Ya vimos que la segunda noble verdad hace referencia a las causas que generan el sufrimiento: "Cualquier cosa que sea fruto de la ignorancia y del apego está destinada a producir sufrimiento, ésa es su naturaleza".[36] Todas las gamas de emociones y pensamientos que vienen con el sello de la perturbación y de la aflicción son llamadas *kleshas*; éstas se desenvuelven en una estructura de pares, como se puede observar en esta tabla.

Kleshas	**Apego**	**Aversión**
Lo que se proyecta:	Idealiza	Demoniza
Lo que se siente:	Atrayente	Repulsivo
Lo que se registra:	Agradable	Desagradable
Lo que se percibe:	Bello	Feo
Bases sustantivas:	**Deseo**	**Odio**

Las experiencias y los acontecimientos que surgen de los impulsos derivados tanto del apego como de la aversión se encuentran, según el Dalai Lama, "contaminados".[37] Tanto las emociones como los pensamientos nacen signados por la insatisfacción y el malestar por el simple hecho de estar desalineados[38] de y con la realidad.

---

[36] *Compasión y no violencia*, 2001, p. 94.

[37] *Transforma tu mente*, 2001, pp. 34-35.

[38] La palabra sánscrita *dukha* era usada antiguamente en el norte de India cuando la rueda de una carreta no estaba bien ajustada y por tanto, los

La causa sustantiva de dukha, por lo tanto, es la confusión mental que se produce cuando se malinterpretan los fenómenos de la realidad debido a los apegos, las aversiones y por la ignorancia de las causas y las condiciones que producen los fenómenos. Existe una serie de formas mentales engañosas e ilusorias que obstruyen la capacidad innata de la conciencia para percibir de manera adecuada la realidad. Las formas mentales que bloquean la claridad de la conciencia para conocer la realidad provienen de los impulsos de apego, aversión e indiferencia que cosifican y endurecen los objetos de atención, lo que desarticula la percepción correcta de sus cualidades: la realidad dentro de cada uno de nosotros se vuelve una proyección mental neurótica y absurda.

La mente contaminada, como dice el Dalai Lama, "tiene la tendencia habitual a aferrarse a la existencia intrínseca de todos los fenómenos".[39] El origen del sufrimiento puede ubicarse no sólo en las fuentes del apego, de la aversión y de la ignorancia –los tres clásicos venenos mentales–, sino también en las manifestaciones muy sutiles y complicadas de las proyecciones ilusorias de la mente que hace de la realidad, sobre todo aquellas derivadas de los prejuicios, las imputaciones moralistas del "deber ser" y de las comparaciones de las experiencias presentes con las del pasado y las del futuro.

En términos más generales, se afirma que el sufrimiento surge debido a que el cuerpo (las enfermedades), las acciones (erróneas y no virtuosas) y los estados mentales (perturbados y afligidos) se encuentran contaminados. Las personas

---

pasajeros sufrían golpes y fastidio durante el camino; por eso, dicho concepto se refiere más bien a "algo que produce mucho fastidio".

[39] *El mundo del budismo tibetano*, 1998, pp. 25-26.

estamos sometidas a este tipo de influjos desde un principio de nuestras vidas.[40]

La angustia y la insatisfacción se convierten en estados constantes en las experiencias dado que tenemos conceptos erróneos de la naturaleza de la realidad.[41] Ésa es una de las principales hipótesis de Nagarjuna,[42] quien sostuvo que la única manera de liberarse de los estados mentales de engaño e ilusión es generando una percepción de la naturaleza fundamental de la realidad, lo cual implica el cultivo de la sabiduría y de la compasión.

Existen, pues, muchos factores que alteran y nublan la percepción sobre la realidad. Las pasiones que brotan de los tres venenos (apego, aversión y engaño) son las que tienen mayor peso en los procesos de desarticulación del reflejo de la realidad en la mente. Ésta constituye una energía de conciencia que puede reflejar la realidad tal y como es; pero cuando se experimenta el samsara, la capacidad de reflejo limpio y claro del espejo-mente disminuye por el apego y la aversión que corrompen la percepción de la realidad.[43] La falsa percepción es la base sustantiva del sufrimiento humano.

---

[40] *El camino del gozo*, 2001, p. 125.

[41] *El poder de la compasión*, 2001, p. 77.

[42] Nagarjuna era un sabio que vivió entre los siglos II y III en la India. Su obra más relevante se llama *Versos sobre los fundamentos del camino medio* (*Mulamadhyamakakarika*). Para el Dalai Lama es uno de los budistas antiguos más respetados. Uno de sus versos que mejor explican lo que ahora se está exponiendo reza así: "Se dice que el origen de las concepciones (mentales ilusorias) es la pasión, el odio y la ofuscación, que a su vez surgen en dependencia de la confusión de lo atractivo (el apego) con lo repulsivo (la aversión)". Capítulo XXIII.

[43] *Más allá de los dogmas*, 1994, pp. 104-105.

La corrupción del reflejo natural de la mente en función de la percepción de la realidad se realiza cuando está ligada a las experiencias de agrado y desagrado de los seis sentidos.

En resumen, las causas del sufrimiento, que implica la segunda noble verdad, radican en que la mente se encuentra determinada por las tres principales emociones negativas y desagradables: el apego (deseo), la aversión (odio) y la ignorancia (confusión mental). Las tres producen otras emociones negativas como celos, soberbia, tristeza y depresión, entre muchas otras.

Así pues, el sufrimiento se sustenta en los estados mentales y en la manera en que sus elementos se definen frente a los cientos de estímulos que la mente recibe por medio de los sentidos. Al calificar como agradable, desagradable o neutra la calidad de estos estímulos, la mente construye toda una serie de percepciones y proyecciones valorativas sobre la calidad y características de la realidad reflejada, las cuales invariablemente no coinciden con los conceptos previos que la costumbre y los hábitos han estipulado en cada uno de nosotros como cultura dominante. Por eso, el deseo y la pasión, comprendidos como la búsqueda de la realización de las percepciones valorativas que tenemos de la realidad, constituyen el meollo de las perturbaciones y aflicciones. Como dice el Dalai Lama:

> *Nadie de entre nosotros quiere sufrir, lo que todos deseamos naturalmente es ser felices. Ahora bien, se diría que casi actuamos adrede para crear las causas de nuestro sufrimiento, lo cual es el efecto de la confusión. Sin esta confusión, podríamos crear las causas de felicidad a las que aspiramos. Lo que queremos es ser felices, pero debido a nuestra confusión,*

actuamos en dirección opuesta de aquello que causa la felicidad.[44]

La clave del asunto que se está tratando se encuentra en la confusión, o ignorancia, que todo ser no iluminado tiene: al perseguir la satisfacción y la felicidad se generan, paradójicamente, las mismas causas del sufrimiento. En otras palabras, aunque todas las energías mentales, físicas y hasta económicas se encauzan al logro de la felicidad, dados los niveles de confusión e ignorancia, los resultados son proporcionalmente inversos a las intenciones: lo que se produce son estados de dolor, sufrimiento, insatisfacción y angustia. No es de extrañar, por tanto, que a principios del siglo XXI, las enfermedades más genéricas en las sociedades modernas son la depresión y el estrés.

Los agregados que forman el cuerpo y la mente se encuentran condicionados por acciones contaminadas, es decir, por elementos impuros surgidos de experiencias anteriores; en el presente, la mente y el cuerpo sufren las consecuencias anteriores, pero también inducen, como una corriente imparable, a la presencia de sufrimientos futuros.[45]

Al proceso temporal de la contaminación mental el Dalai Lama lo llama "suciedad" mental, que nace, como ya se ha señalado, por las emociones y acciones perturbadas y afligidas. Ahora bien, si el sufrimiento lo genera la ignorancia sobre la realidad, lo que determina estados mentales perturbados y emociones afligidas, entonces es posible su disminución y eventual aniquilación si se redefinen los procesos mentales que le dan origen.[46] La idea de liberarse del sufri-

---

[44] *Pacificar la mente*, 2000, p. 142.

[45] *Un acercamiento a la mente lúcida*, 1994, p. 159.

[46] *La meditación paso a paso*, 2001, p. 113.

miento constituye el fundamento de la tercera y cuarta nobles verdades.

La posibilidad de liberarse del sufrimiento se basa en un sencillo pero sólido pensamiento: el apego, la aversión y la ignorancia no son inherentes a la mente, no son parte de su naturaleza, porque si así fuera, sería imposible superar las causas del sufrimiento. La insatisfacción y el ansia de los deseos se constituyen en las principales columnas que reproducen el sufrimiento. La desdicha y la infelicidad son los principales sentimientos que nos conducen al odio.[47] En consecuencia es posible acabar con el sufrimiento, porque hay formas de lograr la dicha y la felicidad en este mundo.

Puede cesar porque es mental

Como se ha dicho, la tercera noble verdad establece la cesación del sufrimiento, tema que nos ocupa en este apartado. El apego, la aversión y la ignorancia aparecen porque existe una conducta que determina la existencia del apego al "yo".[48] Sin lugar a dudas, éste es el apego mayor del cual se derivan todos los demás. La "estimación propia" y el "aferramiento al yo" parten de que ese yo es una entidad sólida, más valiosa que todas las demás, que se encuentra situado en el centro de las relaciones sociales y, por lo tanto, todas las acciones y condiciones existenciales deben estar disponibles para la realización de sus deseos egocéntricos.

La cesación del sufrimiento implica desmantelar la estructura central del yo en el desarrollo de la existencia individual y social. Para el sentido común de la lógica cultural

---

[47] *La visión interior*, 2000, p. 18.

[48] *El camino del gozo*, 2001, p. 155.

judeocristiana y de Occidente, la mayoría de los problemas provienen del comportamiento de los demás. Solemos creer que los responsables de nuestro sufrimiento son las otras personas; casi siempre personas muy cercanas a nosotros que nos han hecho mucho daño. O bien, son personas configuradas como enemigos que la historia y los hechos los han convertido en adversarios. Éste es el caso de los conflictos entre israelitas y palestinos; entre partidarios de la izquierda y la derecha y tantos otros estados de polarización social que se asientan en fuertes choques personalizados.

La mayoría de las experiencias indeseables, de dukha, producen agregados de apego y aversión como efectos de las acciones e ilusiones engañosas, derivadas de la confusión y de la ignorancia. Por supuesto que existen experiencias desagradables a causa de acontecimientos externos donde hay poco que hacer, por ejemplo, los desastres naturales. Pero éstos son excepcionales. En general, los problemas que experimentamos son creados por los defectos o confusiones mentales; existe, como afirma el Dalai Lama, una "carencia interna";[49] de ahí que con un adiestramiento mental adecuado y un cambio de actitud del yo hacia la cesación del egoísmo, estos problemas tienden a desaparecer.

Más aún, habría que comprender que los pensamientos y las emociones negativas obstruyen la aspiración y el deseo de felicidad y de vencer el sufrimiento. Cuando actuamos bajo las premisas de la ignorancia y la confusión mental es inevitable experimentar sufrimiento o, en su caso, producir sufrimiento a los demás. En otras palabras, cuando se actúa bajo emociones aflictivas, se olvidan fácilmente las repercusiones

---

[49] *Un acercamiento a la mente lúcida*, 1994, p. 11.

de los actos realizados y de sus efectos en las demás personas. El engaño, la mentira, el homicidio, la violencia y demás acciones destructivas tienen su origen en los estados mentales perturbados y en las aflicciones emocionales.[50]

En las sociedades altamente mercantilistas, donde la mayoría de las relaciones humanas se supeditan a la competitividad agresiva e individualista, los estados mentales de odio, envidia y codicia suelen sembrar las semillas de la agresión y considerar el materialismo como la única vía de apropiación y aseguramiento del patrimonio material y social.[51]

Para el Dalai Lama este ambiente negativo crea el contexto para todo tipo de males, desde la pobreza, la insalubridad, la falta de capacitación y educación para el trabajo hasta la falta de vivienda y empleo, creando un masivo estado de dolor y angustia en los miembros de las comunidades. La codicia y la envidia son los estados predominantes en las sociedades excesivamente materialistas. Todas estas perversiones surgen de la falta de contención en las acciones humanas y, principalmente, porque se carece de caminos convincentes para eliminar las causas y las condiciones que dan origen al sufrimiento.

En otras palabras, al buscar a los culpables del sufrimiento en el mundo exterior, ya sea en personas cercanas o en los enemigos históricos de raza, clase o religión, e intensificar de ese modo la competitividad destructiva y egoísta, los impulsos negativos se recrean a sí mismos, produciendo sucesivamente mayores volúmenes de pensamientos y emociones negativos quc sustcntan, a su vez, las acciones destructivas productoras de más sufrimiento. Ésta es la cadena del drama

---

[50] *El arte de vivir en el nuevo milenio*, 2000, p. 95.

[51] *Ibídem*, p. 174.

del samsara: un ciclo de problemas, imperfecciones y violencias repetitivas y constantes.

Así pues, la clave para cesar los estados masivos de dolor y angustia –que implican desterrar las acciones de codicia y envidia– consiste en un adiestramiento mental, porque es en el mundo interno donde tienen su origen. En otras palabras: "Lo antes dicho apunta a que el fundamento del sufrimiento está en nuestro interior, como también lo está el fundamento de la felicidad".[52]

Por tanto, el grado en que se puede disciplinar la mente, sus emociones y pensamientos, determina si es posible superar o no las causas del sufrimiento.

Sin duda, el desarrollo de la disciplina mental tiene mucho que ver con la naturaleza del cuerpo, pues éste constituye la base de apoderamiento de la mente. De una u otra manera, el cuerpo –y en especial el cerebro– viene siendo la plataforma material de la mente, aunque ésta no puede identificarse con la estructura corporal como tal. Como lo señala el Dalai Lama, el "cuerpo es causa cooperante de la mente, un objeto material nunca puede ser la causa de la mente".[53]

En este sentido resulta fundamental considerar que no se puede alcanzar la disciplina mental por medio de la disciplina corporal exclusivamente, ya que la materialidad o las formas de los cuerpos (*rupa*) carecen de mente (*ciita*). Al mismo tiempo, el dolor en relación con las sensaciones físicas es diferente del sufrimiento, de dukha, que se trata más bien de una fase identificada con las respuestas mentales que las personas forjan a la luz de las sensaciones y percepciones sobre las experiencias vividas. Por eso, muchas veces el sufrimien-

---

[52] *Transforma tu mente*, 2001, p. 36.

[53] *El ojo de la sabiduría*, 2001, p. 44.

to psíquico se siente con mayor intensidad que el dolor corporal.[54]

El hecho de que cese el sufrimiento no implica necesariamente que se eliminen las sensaciones de dolor físico, aunque verdad es que en ciertos estados pueden disminuir de manera significativa y en otros casos de conciencias avanzadas, hasta eliminarlas por completo. Dado que el sufrimiento lo generan factores mentales contaminados, éstos se refieren a los malos pensamientos, a los malos sentimientos, como el odio y la codicia, y a las malas acciones derivadas de la ignorancia.

Por tanto, el karma negativo es *un resultado, un efecto, no una causa.*[55] Entonces, si el sufrimiento es un resultado, se puede eliminar cambiando sus causas.

La mayor parte del sufrimiento, identificado como malestar, insatisfacción y frustración, se deriva de las perturbaciones mentales y de las aflicciones emocionales que generan la adicción a objetos externos a los cuales se les imputa la facultad de generar felicidad, seguridad y satisfacción. Pero en el samsara lograr esto resulta imposible. El descontrol emocional refleja precisamente la violencia cotidiana; dado que estos estados los produce la mente que ignora cuáles son las causas y las condiciones para producir sufrimiento o felicidad, sólo la praxis de la sabiduría y la compasión permiten enfrentar aquellas causas de manera adecuada.

En la doctrina budista existen tres tipos de conocimiento que por ahora sólo los vamos enunciar. El primero es la sabiduría que comprende lo "último" o la totalidad. El segundo tipo es el convencional; se trata de las habilidades que se

---

[54] *Mundos en armonía*, 2001, p. 47.

[55] *Conversaciones con el Dalai Lama*, 2005, p. 122.

adquieren en las ciencias y en las artes. Y el tercer tipo de sabiduría cultiva habilidades mentales, discursos y acciones corporales para lograr el bienestar presente y futuro de las personas, esto es, la compasión.

El conocimiento que realiza lo "último", lo convencional y la compasión aparecen como el principal mecanismo interno para eliminar las causas y las condiciones del sufrimiento, lo que requiere desatender las pasiones y los deseos del yo egocéntrico. La posibilidad de cesar el sufrimiento está en función de tomar conciencia de que somos nosotros quienes influimos en las "causas y circunstancias que generan nuestra infelicidad, resistiéndonos a menudo a realizar actividades que podrían conllevar una felicidad más duradera".[56]

Ello es posible porque en la cotidianidad, la mayoría de las personas nos dejamos dominar por pensamientos y emociones negativos nacidos de la estimación propia y del aferramiento al yo. Por tanto, el mecanismo para deshacer estos círculos viciosos consiste en reconocer que son necesarios nuevos senderos de vida encauzados a la sabiduría y la compasión.

Para que cese hay que tomar un largo camino

La cuarta noble verdad se define como el sendero que permite iniciar la superación definitiva del sufrimiento y el cultivo de una felicidad estable, sensible, sabia y compasiva. En "El primer discurso de la puesta en movimiento de la rueda de la doctrina", Buda Shakiamuni dice que "Ésta, oh monjes, es la Noble Verdad del Sendero que conduce a la Cesa-

[56] *El arte de la compasión*, 2002, p. 38.

ción del Sufrimiento. Simplemente este Óctuple Noble Sendero; es decir, Recto Entendimiento, Recto Pensamiento, Recto Lenguaje, Recta Acción, Recta Vida, Recto Esfuerzo, Recta Atención y Recta Concentración".

Salta a la vista que se trata de un conjunto de prácticas y consideraciones que se establecen bajo el parámetro de lo correcto. Habría ahora que profundizar qué es lo correcto y qué no lo es. Cada ser animado experimenta a diario dolor y placer, como una consecuencia de poseer cuerpo y mente. En gran medida, como lo afirma constantemente el Dalai Lama, aquellas sensaciones dependen mucho –quizá mucho más de lo que nos podemos imaginar– de la actitud mental que se asume frente a la experiencia que se ha vivido o que se vive.

Tanto el dolor como el placer pueden ser controlados por medio de un entrenamiento mental, lo que demuestra que no se trata de estados sostenibles por sí mismos.[57] Es más, el dolor físico puede apreciarse como un síntoma susceptible de erradicarse cuando hay paz mental y una visión correcta de la naturaleza frágil y relativa del mundo orgánico. Por tanto, no existe una correlación unidireccional entre dolor físico y sufrimiento mental.

El Noble Óctuple Camino, o el sendero para superar dukha y su universo inevitable, samsara, es considerando por todas las escuelas budistas como el programa de estudios, prácticas y modos de ser que permiten enfrentar de manera adecuada los estados mentales de apego, aversión y de ignorancia.[58] Ésta última puede considerarse también como una "condición adversa", un obstáculo, que impide a las perso-

---

[57] *Compasión y no violencia*, 2001, pp.104-105.

[58] *La meditación paso a paso*, 2001, p. 33.

nas tener conciencia de los objetos relacionales ya que todos los defectos e inconsistencias de las mentes perturbadas y de las emociones negativas o afligidas nacen de la ignorancia.

Entre las diversas acciones que presupone el Noble Óctuple Camino resulta central el concepto del yo. Se valora de más todo aquello que se percibe como "mi cuerpo" o "mis agregados físicos y mentales", sin importar si implican dolor y sufrimiento para otras personas, más trabajo para unos, más esfuerzo para otros, o simplemente menos bienestar para los demás. En este sentido, para Buda Shakiamuni comprender la dinámica del sufrimiento y la felicidad determina la búsqueda del desarrollo espiritual.

El entendimiento o visión, el pensamiento y las ideas, el lenguaje, la acción, el modo de vida, el esfuerzo invertido, la atención a los objetos y la concentración o meditación requieren realizarse bajo la plena conciencia de que cada uno tiene condiciones y que su puesta en práctica produce consciencia, por tanto, genera inevitablemente consecuencias. El Noble Óctuple Camino busca que tomemos conciencia de las diversas acciones que efectuamos mental, verbal y corporalmente, y que en términos de cualidades espirituales corresponden respectivamente a la meditación, la sabiduría y la moralidad.

Dado que el sufrimiento proviene de las ilusiones y engaños producidos por las falsas concepciones que tenemos sobre los objetos de la realidad, y que se encuentran profundamente arraigadas como hábitos y costumbres en la personalidad, se puede establecer que la confusión básica en todo este asunto es la creencia de que en toda persona, objeto, hecho o situación existe una "sustancia permanente" o entidad única e inalterable. Este dogma de percibir "esencias inmutables" origina una multitud de vicios (en especial, el odio y la codicia) que "colocan los cimientos para una vida confusa psicológica y emocionalmente".[59]

El pragmatismo budista enfrenta al sufrimiento por medio del despliegue de diversas técnicas, métodos y recomendaciones insertados en el desarrollo del Noble Óctuple Camino como se verá con mayor profundidad en el libro *El arte de estar bien*, que constituye la continuación del presente.

El sufrimiento tiene la característica de estar en una posición "incorrecta"; en cambio, la felicidad aparece como un "bien", algo agradable y que es causa de bienestar.[60]

La consideración de que "el sufrimiento es incorrecto" da luz sobre lo que es correcto en la valoración genérica de las experiencias humanas. La aversión, por ejemplo, es un error o un estado emocional erróneo toda vez que se experimenta un estado de malestar e insatisfacción; hay una visión y una moralidad equivocadas en la medida en que la cualidad de "aversionalidad" no existe en ningún objeto como algo dado por sí mismo.[61] Por lo tanto, para evitar la emoción negativa de la aversión, igual que otras tantas, hay que prevenir que surjan sus causas y condiciones o, en su caso, ser capaces por medio de la objetividad y la ecuanimidad de contrarrestar esas sensaciones desagradables.

El cuestionamiento sobre "sustancias permanentes" en los objetos se relaciona en gran medida con la crítica en contra de las consideraciones ideológicas que parten de la existencia de un alma, o de un yo eterno e inmutable, y tiene su razón de ser en la creencia en que ese yo permanente es la columna vertebral de gran parte de la confusión y el en-

---

[59] *El buen corazón*, 2000, p. 140.

[60] *Pacificar la mente*, 2000, p. 13.

[61] *Más allá de los dogmas*, 1994, p. 92.

gaño.[62] Se trata, en efecto, de ponderar cómo la creencia sobre ese yo existe de forma independiente del ser, del flujo de agregados que componen a una persona. La idea central en estos temas es que la "superación de estas aflicciones consiste en comprender la inexistencia de dicho yo".[63] Por tanto, la crítica a la presencia de un yo inmutable conlleva la posibilidad de recorrer el sendero espiritual que propone la cuarta noble verdad: desintegrar a ese yo causante de los estados mentales de apego, aversión e ignorancia.[64]

Entonces, la propuesta de las cuatro nobles verdades se articula como un conjunto de elementos que conforman un sendero para afrontar el sufrimiento. En este discurso, y en toda realidad, todo depende de todo, pues nada existe de forma separada; cada verdad interactúa con las otras.

El sufrimiento tiene sus causas en la confusión y en las ilusiones que nacen del apego, la aversión y la ignorancia; por eso es importante distinguir, como propone el Dalai Lama, el dolor que percibimos por medio de nuestras respuestas nerviosas y cerebrales, y el sufrimiento que creamos mediante las emociones y los pensamientos negativos.

La verdad de la cesación de esos estados mentales implica poseer una serie de herramientas para combatirlos y erradicar el sufrimiento. Ello se logra superando las condiciones que le dan sustento y que propician su reproducción, es de-

---

[62] *La vida, la muerte y el renacer*, 2002, p. 161. De hecho, el yo posee una forma que tiene nombre, identidad familiar, grupal y nacional. Hechos y constancias de identidad dan fe de esa existencia. Pero ese conjunto de identidades son una representación de relaciones, ya que esos elementos de identidad, de identificación, aparecen, existen y desaparecerán. La forma es vacía y el vacío es forma, "vacuidad", dice en el sutra del corazón.

[63] *Transforma tu mente*, 2001, p. 115.

[64] *Samsara*, 2002, pp. 158-159.

cir, comprendiendo todas las implicaciones que conlleva el Noble Óctuple Camino: recto entendimiento, recto pensamiento, recto lenguaje, recta acción, recta vida, recto esfuerzo, recta atención y recta concentración. El sendero se inicia al comprender correctamente la realidad, penetrando en ella, independientemente de las creencias y prejuicios que cada yo realiza sobre el mismo mundo.

La falta de entendimiento sobre la realidad hace que la mayoría de las personas se inflijan sufrimiento a sí mismas y a los demás, a causa de creer que la felicidad del yo es más importante que la de los demás o que causar daño a los demás garantiza la felicidad propia. De hecho, dice el Dalai Lama, "Cualquier provecho inmediato que se obtenga a expensas de los demás, es efímero",[65] como veremos, entre otros temas, en el siguiente capítulo.

---

[65] *La política de la bondad*, 2001, p. 112.

2

LOS TRES SELLOS DE LA REALIDAD DEL SAMSARA

La impermanencia de todo

A pesar de que en el samsara confluyen emociones y pensamientos negativos, desagradables, de malestar, frustración, ansiedad, dolor y miedo, se encuentra inmerso en leyes universales irrevocables, pues todo ello es efímero, al igual que los placeres. Por lo tanto, saber que existe la impermanencia resulta alentador toda vez que involucra la posibilidad de trascender el sufrimiento, que es la peor pesadilla para todo ser viviente experimenta.

Antes de abordar el tema en cuestión cabe considerar que la ilusión más recurrente en la cotidianidad de las personas es la creencia, muchas veces inconsciente, de que existen objetos permanentes en el universo. En las conductas cotidianas resulta muy común que las apariencias den la impresión de estar siempre igual a través del tiempo y el espacio. Éste es uno de los hábitos mentales más difíciles de superar porque estamos sumamente familiarizados e identificados con ellos; de hecho constituye la base de la identidad personal y social. Por ende, la creencia en la permanencia nos ofrece un espacio de certidumbre y seguridad bastante convincente.

Un pensamiento recurrente, produce un hábito mental que genera una acción consecuente. La repetición incesante de pensamientos crea redes neuronales fijas que se pueden comparar, de modo muy literal, con canales cerebrales, los cuales se activan de manera similar frente a diversas realidades. El conglomerado de redes de pensamientos repetitivos, hábitos mentales, constituye el fundamento de una personalidad. Alguien enojado presupone que tiene pensamientos de enojo constantes que se repiten una y otra vez. No es de extrañar, por tanto, que el hábito genere resultados similares aunque las circunstancias objetivas sean distintas.

En otras palabras, los hábitos hacen que frente a condiciones mundanas muy diferentes, la actitud y las reacciones conductuales sean similares; son las respuestas que en automático generamos a los diversos estímulos externos.

A la distancia que hay entre los estados mentales habituales y las condiciones de la realidad se le llama ilusión o engaño; es en este espacio de desencuentro mente-realidad donde se dan todas las emociones humanas. En el primer capítulo hablamos de la existencia de una tensión interna en los estados mentales, principalmente por aquellos que provienen del deseo, ya sean agradables en términos de apego, o desagradables, en términos de aversión, y que recrean la ansiedad, la frustración, los celos y demás estados emocionales negativos. Ahora se puede comprender mejor esta idea sustantiva de la teoría cognoscitiva budista. En la medida en que los estados mentales tengan una mayor separación con respecto a la realidad, las perturbaciones mentales y las aflicciones emocionales serán mayores, y por ende se incrementará el sufrimiento.

La base de las ilusiones es el desquiciamiento de la realidad objetiva a causa de la idea que se tiene de esa misma realidad; se confunde la imagen en el espejo mental con el objeto mismo.

La conciencia iluminada logra percibir mentalmente la realidad sin ninguna contaminación ilusoria: la ve tal y como es, sin los elementos que la mente común incorpora cuando produce pensamientos dependientes de las sensaciones (agradables, desagradables y neutras) y de las percepciones (buenas, malas e indiferentes). Dada esta inmensa confusión, no extraña que bajo la influencia de las emociones y pensamientos ilusorios, errantes y perturbados, las personas actúen mal al interactuar con otras, o cuando responden con acciones, la mayoría de ellas equivocadas, a las diversas circunstancias. Casi siempre los resultados son dañinos para las personas mismas y para quienes las rodean.

Superar las ilusiones requiere meditar en la realidad que a causa de la ignorancia se distorsiona y por lo tanto resulta incomprensible. El concepto de sabiduría en el budismo significa superar las ilusiones de que es víctima la mente al actuar en la realidad. El término dharma tiene diversas implicaciones. La primera definición tiene que ver con las enseñanzas de Buda, que incluye el cuerpo teórico materializado en las escrituras tradicionales. Pero también se refiere a una mente despierta gracias a que tiene conciencia de la realidad debido a la aplicación correcta de las enseñanzas. Una tercera interpretación del concepto se utiliza para definir la verdadera naturaleza de los fenómenos; significa "la realidad tal y como es".[66] El significado original sánscrito de dharma es "sostener" a las personas para protegerlas de los sellos de

---

[66] *El arte de la felicidad*, 2000, p. 200.

la realidad (impermanencia, insatisfacción y vacuidad) y salvaguardarlas así del sufrimiento.

En el "Sutra de los kalampas", discurso que el Buda pronunció frente al pueblo de los kalampas que se sentían confundidos ya que había cientos de predicadores que se contradecían, dice lo siguiente:

> *No se atengan a lo que ha sido adquirido mediante lo que se escucha repetidamente; o a lo que es tradición; o a lo que es rumor; o a lo que está en escrituras, o a lo que es conjetura; o a lo que es axiomático, o a lo que es un razonamiento engañoso; o a lo que es un prejuicio con respecto a una noción en la que se ha reflexionado; o a lo que aparenta ser la habilidad de otros, o a lo que es la consideración [...] cuando ustedes sepan: "estas cosas son malas; estas cosas son censuradas por los sabios; cuando se emprenden y se siguen, estas cosas conducen al daño y al infortunio, abandónenlas".*[67]

Por eso para el budismo toda propuesta tiene que ser examinada, determinando por medio del razonamiento y la experiencia si es o no aceptable. Comprender las implicaciones que conllevan los tres sellos de la realidad no debe contradecir la lógica y la práctica profunda de las cosas de la vida. De ahí que se parta de que todo fenómeno es efímero, se encuentra contaminado de insatisfacción y está vacío de entidades internas permanentes, es decir, no posee elementos eternos, sólidos e inmutables.[68] Los tres sellos también hacen referencia al hecho de que todas las cosas se componen

---

[67] El sutra completo se encuentra en www.librosbudistas.com, en la parte de selecciones del canon pali.

[68] *Las cuatro nobles verdades,* 2002, p. 15.

de elementos agregados, son impermanentes, y por lo tanto cambian; dado que todas las entidades animadas están condicionadas en su nacimiento, desarrollo y muerte, son susceptibles de sufrimiento y todos los fenómenos carecen de existencia aislada porque dependen totalmente de otros fenómenos.

A veces, en los escritos budistas se agrega un cuarto sello: que el nirvana es la paz. Se trata de una propuesta que permite crear un elemento de respuesta hacia la realidad samsárica.[69]

De esta manera, realizando una apretada síntesis, se dice que la realidad fenoménica en el samsara tiene las siguientes características:

- Todo fenómeno compuesto es ⇨ transitorio.
- Todo fenómeno contaminado es ⇨ insatisfactorio.
- Todos los fenómenos carecen de ⇨ existencia autónoma.[70]

En todas las escuelas budistas, la doctrina de los tres sellos de la realidad se convierte en uno de los principios doctrinales más comunes y socorridos en el desarrollo del sendero espiritual; tal vez porque los sellos actúan como el mejor antídoto que puede existir para hacer frente, de modo exitoso, a las perturbaciones y a las aflicciones. La sabiduría que contienen los sellos implica darse cuenta de que todo fenómeno mental o físico es impermanente, que contiene un alto grado de contaminación en la medida en que no es perfecto, que tiende a su desintegración inevitable y que no posee entidad propia, única; precisamente esa falta de entidad propia es lo que permite que exista la impermanencia en los fenó-

[69] *El samsara*, 2002, p. 86.

[70] *Transforma tu mente*, 2001, p. 32.

menos, los cambios. Las cosas no duran, cambian porque no tienen nada en su interior que las haga permanentes, sempiternas.

La clave de esta concepción cosmológica de la realidad es el concepto de impermanencia. Todo fenómeno existente, animado o no, es una forma constituida por partes (agregados) o sustancias que tienen la cualidad de estar en perpetuo movimiento, sufriendo momento a momento su desintegración; la propia conciencia que puede observar esa desintegración, unas veces de manera evidente y otras de modo muy sutil, también sufre una desintegración paulatina, irremediable.

Cuando la impermanencia salta a la vista, como en un accidente, una explosión o un derrumbe, se dice que es burda. Existen otros fenómenos, como en el caso de los órganos biológicos, por ejemplo, el cuerpo humano, cuya impermanencia no resulta muy evidente, pero sí notoria al pasar los años; entonces se dice que es una impermanencia media. Pero cuando las cosas y los fenómenos tienden a conservar durablemente sus formas, como las montañas, edificios y objetos de metal, entonces se está frente a una impermanencia sutil.[71] Con todo, la impermanencia conduce de manera ineluctable a la destrucción en los objetos inanimados y a la muerte en los animados.

En efecto, todo fenómeno existe porque se conjugan causas y condiciones, elementos desintegrados que se reintegran en otras formas, en *rupa*, que puede ser físico, cuando ocupa un volumen en el espacio, o mental, cuando ocupa un flujo en la conciencia. La impermanencia, como se verá más

---

[71] *Un acercamiento a la mente lúcida*, 1994, p. 194.

delante, constituye la columna central de la vacuidad, esto es, de la cualidad de los fenómenos que no pueden existir de modo autónomo e independiente.

Lo paradójico de la impermanencia es que se accede a ella desde el primer momento de la existencia; el proceso de desintegración acompaña al proceso de desarrollo y crecimiento; por eso la vida y la muerte no son contrarios, sino fuerzas universales que trabajan desde el primer soplo de vida; en otras palabras, dice el Dalai Lama: "el mecanismo de la cesación está incluido en el propio sistema de vida y existencia. Por eso, todo fenómeno y acontecimiento contienen la semilla de su propia desaparición".[72] La razón de la inevitable desintegración de los cuerpos animados e inanimados reside en que actúan sobre ellos muchas fuerzas a través de otros elementos que no son el cuerpo mismo: la existencia de un fenómeno determinado sólo "tiene lugar con el apoyo de otros factores";[73] es decir, tiene lugar gracias a la dependencia de ese fenómeno respecto a otros.

Cada fenómeno está constituido por agregados que forman una red de relaciones de apoyo, a veces sencilla y a veces compleja. Pero como estructura tiende a ser frágil e imperfecta debido a los eternos movimientos en los que se ven envueltos sus partículas constituyentes. En la lógica del budismo, y como lo expresa el Dalai Lama, esta teoría

> *viene a decir que todo lo que surge de una causa es por definición contingente, impermanente, en parte porque algo así no puede existir antes de que haya sido producido. De este modo, dado que nosotros también somos el efecto de una*

---

[72] *El mundo del budismo tibetano*, 1998, p. 43.

[73] *Ibídem.*

causa, también somos impermanentes, de suerte que, como seres contingentes, impermanentes, no poseemos nada fijo, una esencia inmutable o yo, a pesar de nuestra injustificada creencia de lo contrario.[74]

La impermanencia se puede observar desde otro ángulo. Como se ha afirmado, los fenómenos animados e inanimados surgen todos ellos, sin excepción alguna, cuando se reúne un conjunto de causas y condiciones, de elementos y agregados (sus partes constitutivas), que permiten disponer de un cuerpo de redes de sistemas y subsistemas que dan forma a un objeto determinado. Por tanto, todo fenómeno surge dependientemente o con relación a algo, de ahí que no exista por sí mismo. Por ello desde esta perspectiva analítica se puede afirmar que una visión errónea de los fenómenos es cuando se observa como si tuvieran existencia inherente.[75]

La doctrina budista afirma que todo fenómeno y objeto, tanto externo como interno a la mente, son relativos: no existen por sí mismos, de manera independiente y tienen, desde el punto de origen, una tendencia hacia la impermanencia.[76] Todo lo realmente existente está necesariamente en dependencia con algo más: es interdependiente y no permanente. Gracias a la impermanencia, los fenómenos y objetos están vacíos de esencia y de naturaleza intrínseca.

Al estar todo fenómeno en movimiento, las personas, hechos, situaciones y objetos están sometidos a ciclos de existencia donde no hay certeza sobre los resultados inmediatos. Así, todo lo acumulado se pierde con mucha facilidad, y

---

[74] *El buen corazón*, p. 141.

[75] *Consejos espirituales*, 2002, p. 132.

[76] *El buen corazón*, 2000, p. 161.

todo lo elevado y superior se desploma de un momento a otro: las reuniones terminan en separación y "la vida termina a causa de la muerte". Cualquier estado de felicidad y satisfacción cesa al pasar algunos instantes, por tanto, "Nada de lo que usualmente creemos real es permanente".[77]

Si se consideran las hipótesis planteadas en el capítulo anterior, se puede observar que todo objeto que causa apego y aferramiento, básicamente es porque satisface algún deseo del yo, es aquí donde adquiere la necesidad emocional e intelectual de ser permanente, inmutable, constante y seguro. El deseo es que ese objeto no cambie y se estabilice por siempre en la imagen que la mente se hace de él.

El estado mental de apego imputa a los objetos deseados (personas, objetos o hechos) la cualidad de existir por sí mismos y de poseer estados inherentes positivos, seguros y sólidos. Los estados mentales perturbados y las aflicciones emocionales hacen que los seres humanos creen la ilusión de permanencia y eternidad: la sed de aferramiento a los objetos deseados hace que la mente se desajuste respecto a lo realmente existente. Y a la inversa: cuando a un objeto lo caracteriza la cualidad de aversión o de rechazo, lo que se desea es acelerar su desintegración. Eso es dukha. Tanto el apego como la aversión son estados mentales que confunden la realidad: los pensamientos que se tienen sobre ellos aparecen como la realidad misma.

La impermanencia conlleva sufrimiento porque en las personas existe la fuerza de Eros que procura estabilizar lo desestabilizado y eternizar lo impermanente, pues ese mecanismo solventa los estados de satisfacción y felicidad; son estados del ser que por su sobrevaloración se procura su per-

---

[77] *Samsara*, 2002, p. 148.

manencia. Pero el sello de la impermanencia es inevitable y no perdona ningún elemento de la existencia.

Se sufre porque lo que se desea que sea permanente, en algún momento asumirá el proceso de desgaste natural y sencillamente dejará de existir. En función de los seres amados, de las cosas queridas y los acontecimientos añorados, la impermanencia se convierte en una fuente productora del sufrimiento más profundo y dramático del ser humano. No hay mayor dolor humano que el que causa la muerte de un ser amado.

Sólo al comprender en su dimensión real la impermanencia se puede entender por qué el budismo plantea que la naturaleza de la existencia es el sufrimiento o la insatisfacción (malestar, dukha) que producen las formas imperfectas en que se representan los órganos vivos y los objetos físicos. Reconocer la naturaleza perecedera de las cosas implica la posibilidad de comprender la liberación del apego y la desdicha de la vida samsárica.

Insatisfacción de lo siempre imperfecto

El segundo sello de la realidad determina que todo lo que existe es causa, latente o manifiesta, de insatisfacción, que es la condición modelo de los estados mentales del sufrimiento. Existen, como dice el Dalai Lama, cuatro etapas en el ciclo de sufrimiento inevitable: nacer, envejecer, enfermar y morir. Son "fuerzas" que si bien no se desean, arrastran toda existencia orgánica.[78] Según el budismo, el poderío de aquellas fuerzas surge porque los seres animados están atrapados por las consecuencias de las acciones mentales, verbales y

---

[78] *Un acercamiento a la mente lúcida*, 1994, p. 163.

corporales que a través del tiempo –y de vidas anteriores– han desarrollado predisposiciones y hábitos de emociones afligidas como el deseo y el odio que se presentan a causa de la percepción "innata" del yo y de lo "mío", según afirma el Dalai Lama, como si existieran de manera inherente.

La existencia samsárica tiene una contrapartida positiva, por no decir esperanzadora; dado que las reacciones de causa y efecto son factibles y válidas como principio metodológico, se puede afirmar que malos efectos, como insatisfacción existencial, pueden evitarse eliminando sus causas.

También cabe la posibilidad de que los estados de felicidad se produzcan y generen a la vez las causas que los sustentan. Estos procesos conllevan sufrimiento o felicidad debido a que los fenómenos que los propician no son entidades sólidas, autónomas e independientes.[79] En suma, se pueden modificar los resultados de la existencia porque los fenómenos dependen unos de otros: modificando las bases, cambian los resultados.[80]

La distinción precisa de los fenómenos como derivaciones del movimiento universal de las causas y efectos permite que la mente posea la capacidad de analizar los estados de insatisfacción en el plano de la experiencia directa. Gracias a ésta se sabe que, por ejemplo, cuando se consume un objeto

---

[79] *Ibídem*, p. 48.

[80] Para el Dalai Lama, no existe una tercera categoría entre fenómenos dependientes (de otros) e independientes. Por tanto: "Puesto que el yo es designado de forma dependiente, no puede haber un yo dependiente de sí mismo"; es en ese sentido que la insatisfacción sustantiva de la existencia parte de esa dependencia del yo que para existir tiene que estar bajo el dominio de miles de causas y condiciones, pues la mayoría de ellas no son resultado de su voluntad y no pueden ser controladas de manera definitiva y absoluta. 1994, *ibídem*, p. 188.

deseado, o se utiliza de una manera u otra, se pierde el encanto inicial irremediablemente. Un auto nuevo, un abrigo recién comprado, el placer sexual, el gusto por un buen alimento y miles de acciones más al mismo tiempo que se realizan, empujan a las personas hacia la insatisfacción, ya sea casi inmediatamente después de realizar el acto de consumo o de uso, o en un tiempo posterior, a veces demasiado corto.

Sin embargo, en los momentos de satisfacción, los fenómenos aparecen muy concretos, sólidos y seguros, es decir, como si tuvieran una realidad objetiva, lo cual contradice la falta de existencia independiente.[81] La insatisfacción existencial, que se puede comprender como una derivación de la experiencia del presente respecto a las experiencias del pasado o en relación a las expectativas del futuro, es producto del engaño en el consumo o al uso de demandas de satisfacción que generan el cuerpo y la mente, dadas ciertas condiciones personales y según los tiempos y espacios históricos.

Entonces, el estado de insatisfacción es resultado natural e inherente de la existencia de las personas que se desenvuelven en condiciones biológicas, físicas, culturales y económicas que implican la hipótesis de la independencia y la autonomía individualizada tan promovida y exaltada por las sociedades modernas altamente competitivas. Toda existencia, por tanto, sólo contiene relaciones de dependencia con otros fenómenos: desde que se nace hasta que se muerte; simplemente el ser humano depende de otros para existir.

El Dalai Lama habla de tres grados de interdependencia que a su vez señalan tres orígenes diversos de insatisfacción. El primero se llama interdependencia causal y tiene que ver con los fenómenos en términos de causas y condiciones, así

---

[81] *Más allá de los dogmas*, 1994, p. 256.

como con la existencia condicionada que delimita las posibilidades de expandir la misma más allá de esas condiciones dadas. Se existe bajo ciertas condiciones; al cambiar y desparecer las más importantes, se deja de existir.[82]

El segundo grado de interdependencia se refiere a las partes de un fenómeno, lo que hemos llamado agregados. Esta interdependencia determina que la existencia, para poder devenir, tiene que estar interactuando con sus partes constitutivas; no es una opción, sino una determinación pues esas partes constituyen el cuerpo de la existencia misma. Por ello, cuando se presenta este grado de interdependencia, la insatisfacción surge por tener agregados relativos a los deseos.

Por último, existe la llamada "interdependencia de la conciencia", que se define por la manera en que se comprenden las relaciones y las bases de asignación de nombres y características de los objetos y fenómenos.[83] Aquí la insatisfacción aparece cuando las imputaciones conceptuales no corresponden a los objetos que se asignan: son nombres incorrectos de las cosas. Por eso, cuando las personas sienten esta insatisfacción procuran cambiar el concepto que designa ese objeto a fin de modificar las cualidades no deseadas.

La comprensión de la interdependencia permite considerar el apego y la aversión como dos actitudes mentales, emocionales e intelectuales que desvirtúan la manera en que se nos presenta la realidad. La interdependencia puede ser observada desde la perspectiva de la ley de causa y efecto, o como una hipótesis que plantea que el conjunto de fenómenos depende de las partes.[84] La doctrina del budismo define

[82] *Compasión y no violencia*, 2001, p. 115.

[83] *Ibídem*.

[84] *Más allá de los dogmas*, 1994, p. 213.

que la interdependencia es equiparable al "origen dependiente"[85] y que los fenómenos se establecen en un constante movimiento dinámico que responde a la movilidad de las partes; he aquí porque esa realidad fenoménica aparece siempre como imperfecta e incompleta.

En efecto, si todo fenómeno mundano depende de sus propias partes, de la suma de agregados, entonces su descomposición es inherente a su estructura que se presenta como "objetiva" frente a la mentalidad de apego;[86] pero dicha descomposición repercute en esa mentalidad como una imagen conceptual inacabada, insatisfactoria o, en general, como causante de dukha. Recuérdese que un tercer plano de la interdependencia postula que el fenómeno en cuestión tiene realidad en la medida en que hay una designación subjetiva.

En el budismo, hay un concepto tradicional que se refiere a una cadena formada por 12 eslabones y que constituyen un ciclo vital completo en el mundo del samsara o conjunto de estados mentales y corporales de malestar, frustración, ansiedad, dolor y miedo que se resumen en la insatisfacción y la desalineación respecto a la realidad. Estos 12 elementos parten del estado mental de la ignorancia, de ahí se generan las acciones que reflejan un nivel determinado de conciencia; ésta determina los nombres de los fenómenos como fuentes de contacto. Con base en ese contacto, se producen los sentimientos, y por ende el apego y la aprensión que dan fuerza al devenir de las personas y que generan el nacimiento, envejecimiento y muerte; esto a su vez confluye en el renacimiento por ignorancia.[87]

---

[85] *Ibídem.*

[86] *Un acercamiento a la mente lúcida*, 1994, p. 64.

[87] *El mundo del budismo tibetano*, 1998, p. 186.

En síntesis, se puede decir que no hay forma (*rupa* en sánscrito, cuerpo de objetos) que sea perfecta porque sus partes siempre se están moviendo y dependen de otras partes. En esa dinámica es imposible la estabilidad de los sistemas y subsistemas. Todo cambia y nada es igual a una imagen conceptual que la mente puede crear para que las cosas sean ideales, perfectas. En el samsara, esto es imposible.

Los puntos de vista erróneos nacen de la falta de comprensión de la dinámica e impactos de la impermanencia, de la insatisfacción inherente a los fenómenos de origen dependiente y de la falta de esencia propia de los fenómenos y de las personas. Al ignorar los tres sellos, los seres humanos caen de forma viciosa y repetitiva, perversa, en perspectivas profundamente erróneas. Se confunde entonces la insatisfacción con un estado de felicidad, percibiendo lo impermanente como permanente y lo horrendo como hermoso, como lo expresa el Dalai Lama.[88]

Con las acciones realizadas bajo la insatisfacción –porque los fenómenos no suceden como lo deseamos– el estado de ser del cuerpo, de las experiencias verbales y mentales, crea las marcas de la propia naturaleza del sufrimiento.[89] Ésta es la visión amplia de dukha como un despliegue de ignorancia, de las perspectivas desafortunadas surgidas del apego y de la aversión; no es gratuito que el ciclo de los 12 eslabones del origen dependiente se inicie con la "visión errónea" sobre la existencia.

La pretensión de que personas, cosas, hechos y situaciones sean perfectos es simplemente imposible de cumplirse en la realidad; y como ése es uno de los mayores deseos de los

---

[88] *El ojo de la sabiduría*, 2001, p. 61.

[89] *La política de la bondad*, 2001, pp. 34-35.

seres humanos, el desencuentro entre el ideal y la existencia mundana resulta mayor cuanto mayor sea el anhelo de perfección. Así, entre mayor distancia haya entre los deseos y la realidad, se generarán mayores perturbaciones mentales y aflicciones emocionales.

Además, se ha de considerar que otra derivación de las visiones erróneas se encuentra en las actitudes de sobreestimar los objetos y fenómenos de apego y desvalorizar los de aversión y rechazo. En este sentido, toda pasión deforma la realidad pues la disfraza de ideas benéficas o malignas que son "totalmente excesivas con respecto a lo que es".[90] Por eso, las desmesuradas respuestas mentales de apego o aversión, ya sean positivas o negativas, no propician un estado de satisfacción o de paz interna. La insatisfacción impregna todas las acciones corporales, verbales y mentales porque siempre tiende a redimensionar los factores objetivos de la realidad, aunque esa objetividad no es más que vacuidad:

Aquello que existe dependientemente,
no es independiente.
Pero todo esto no es independiente,
por tanto, todo es insustancial.[91]

Vacuidad de la existencia inherente

Todas las dificultades, molestias y frustraciones en los seres animados que poseen conciencia nacen de una ilusión básica sustantiva: creer en la existencia inherente tanto de uno

---

[90] *La vida, la muerte y el renacer*, 2002, p. 139.

[91] *Pacificar la mente*, 2000, p. 144. La cita es del *Sutra de las cuatrocientas estrofas.*

mismo como de los fenómenos.[92] ¿Por qué en el budismo es central el tema de la existencia inherente? Porque la creencia en lo inherente o esencia de las cosas proyecta una imagen mental que no corresponde a la verdadera naturaleza de las cosas; es una información falsa, errónea. Al basar las acciones mentales, verbales y corporales en datos no verídicos, los efectos de dichas acciones probablemente resulten dañinos tanto para uno mismo, como para los demás.

Es habitual confundir el nombre de una cosa con la cosa misma. Este mecanismo de ilusión se pone en funcionamiento al creer que una casa es la casa misma; es como si creyésemos que existe una cualidad inherente de *casiedad*, cualidad que existe además de manera independiente de sus partes: techo, paredes, ventanas y demás implementos. Es como si todas las casas tuviesen "esencia de casa". O, para poner otros ejemplos, creer que subyace una *floriedad* en una flor; o que existiera una *almaidad*, de alma, en las personas.

La creencia en la "almaidad" está basada en la idea de que existe un yo como personalidad esencial que vive entre las partes físicas y mentales que lo conforman. Pero esas cualidades esenciales, inherentes, son meras imputaciones conceptuales,[93] y por lo tanto no existen como realidades. Ésta es la idea general de vacuidad[94] o insustancialidad.

Dice el Dalai Lama, "Cuando buscamos una flor entre sus partes, nos vemos obligados a enfrentarnos a la ausencia de dicha flor, que no es otra cosa que el vacío de la flor".[95]

---

[92] *El arte de la compasión*, 2002, p. 62.

[93] *Ibídem*.

[94] El concepto de vacuidad da la idea de vacío, pero más bien plantea que la esencia de las cosas no existe. La no existencia de sustancias formales más allá de las partes y de las causas dependientes es vacuidad.

[95] *El arte de la compasión*, 2002, pp. 98-99.

De ello no se deriva que la flor no exista; ésta existe de manera convencional y por experiencia: se puede oler, tocar y hasta dibujar. Es una forma que está hecha de muchas partes (pétalos, tallo, hojas, etcétera) y que depende de numerosas fuentes como el agua, la tierra, la luz solar y el aire. Por tanto, la vacuidad de la flor, se dice, es la naturaleza dependiente de ésta y su formación por agregados particulares.

Como lo señala Nagarjuna,[96] postular la vacuidad de los fenómenos permite eliminar la ignorancia comprendida como la "percepción errónea fundamental"[97] que tienen las personas; errónea percepción que provoca que las acciones sean muy poco asertivas.

La percepción errónea de la realidad hace que la mente crea que los fenómenos se puedan experimentar como permanentes y sustanciales, imputándoles una existencia independiente. Por medio de un análisis profundo se comprueba que los fenómenos no son permanentes, no tienen existencia aparte de lo demás. Por tanto, todas las cualidades que se le imputan a un fenómeno, por ejemplo, bueno, malo, bello o feo, son términos relativos que sólo se aplican cuando se realiza un proceso mental en relación con otro fenómeno; en otras palabras, cuando se comparan poniendo en práctica un concepto dual: positivo-negativo, correcto-incorrecto, alto-bajo, negro-blanco y cuantiosas otras polarizaciones.[98]

[96] Nagarjuna fue un sabio que vivió en la India entre los siglos II y III y escribió uno de los textos más importantes dentro del budismo mahayana, llamado "Versos sobre los fundamentos del camino medio", el *Mulamadhayamakakarika*.

[97] Transforma tu mente, 2001, p. 43.

[98] *El camino del gozo*, 2001, pp. 189-190.

Esta disertación nos dice que el cotejo que se realiza en la vida para valorar los fenómenos es una imputación de la mente y que no existen en la realidad más que como producto de pensamientos erróneos e ilusorios.

En consecuencia, el afán de buscar la sustancialidad permanente de los fenómenos resulta un proceso infructuoso pues no se va a encontrar nada, ésa es la vacuidad. Todos los fenómenos materiales aparecen bajo el manto de una forma, de una rupa; en cambio, los fenómenos mentales, los objetos de la mente, aparecen bajo la forma de pensamientos.[99] El desconocer las cualidades de las formas materiales y de los objetos mentales implica creer en su existencia real, objetiva, permanente e independiente; ya que así se presentan ante nuestros ojos; pero no son así en realidad.

De hecho, comenta el Dalai Lama, todas las percepciones de la mente, a excepción del conocimiento directo e inmediato de la vacuidad, son ilusorias.[100] Lo que la mente no iluminada, intoxicada de perturbaciones y aflicciones, percibe de manera directa son los objetos que constituyen la base de designación de cualidades; hasta aquí no hay problema, pero las cosas se complican cuando se pasa a la determinación de características, a la percepción en el sentido amplio. Esto quiere decir que la mente común se engaña a sí misma al confundir las cualidades objetivas, lo cual es la base de las imputaciones conceptuales, con las cualidades asignadas por los diversos estados mentales que se experimentan en relación con el objeto.

Por ejemplo, una mente crónicamente triste es así porque percibe todos los objetos grises, sin colores y toda situación

---

[99] *Pacificar la mente*, 2000, p. 148.

[100] *Ibídem*, p. 150.

como si fuera inherentemente apesadumbrada. El estado mental determina la percepción, y por ende los pensamientos, ello a la vez provoca errores de percepción.

Nada existe por separado; todas las cosas dependen de las demás. Por lo tanto, para poder desentrañar los fenómenos y objetos bajo una percepción correcta, se requiere una primera aproximación considerando que se caracterizan por la vacuidad, por no tener nada esencial, y a la vez porque resultan de causas y condiciones, esto es, dependen de otros fenómenos y objetos, y existen debido a las relaciones que se establecen entre sus partes, que también son producto de otros fenómenos y objetos.[101]

La vacuidad, o naturaleza última, como dice el Dalai Lama, es siempre la misma, aunque se presenta en el contexto tanto del sujeto, la mente, como de los objetos, la realidad material. La vacuidad se comprende, entonces, como una condición de los fenómenos que carecen de existencia intrínseca.

Todo depende de causas y condiciones, por lo que los fenómenos están desprovistos de una existencia independiente.[102] Sin embargo, no se debe confundir la vacuidad con la nada. "Puesto que todas las cosas son interdependientes, las identidades o entidades independientes no existen";[103] ése es el sentido de la vacuidad. Esta visión del mundo no niega la existencia de los fenómenos y los objetos; en el mundo convencional, éstos operan bajo ciertas normas de funcionalidad: los nombres personales existen para identificar a las personas y por ende facilitar sus patrimonios, identidades,

---

[101] *La fuerza del budismo*, 1995, p. 218.

[102] *La meditación paso a paso*, 2001, pp. 77-78.

[103] *Compasión y no violencia*, 2001, p. 53.

derechos y obligaciones. La persona existe convencionalmente, y dada su existencia se puede desarrollar por medio de instituciones públicas y privadas y a través de relaciones personales.

El fenómeno de la vacuidad tiene sentido sustancialmente para:

1. Destruir de manera directa y definitiva la tendencia de las personas a producir apego y aferramiento a los fenómenos y objetos a los que se les imputa cualidades intrínsecas de felicidad y satisfacción, debido a lo cual se perciben como si tuvieran existencia por sí misma.
2. Eliminar los hábitos y patrones mentales, casi naturales e instintivos, que consideran la existencia "dentro de las personas" de una entidad única, duradera y permanente llamada yo-alma, que justifica todas las percepciones de apego y aversión, según beneficie sus deseos o no, y que constituyen, como se verá en el cuarto capítulo, lo que se puede denominar el sujeto egocentrista, que se define por el hecho de que todo en el mundo debe responder a las necesidades y deseos egoístas de ese yo. La vacuidad destruye este tipo de concepciones perversas del individualismo egoísta y explotador, responsable de una gran parte de la destrucción del medio ambiente (contaminación de la tierra, agua y aire) y de inmensos sufrimientos de grandes porciones de la población mundial derivados por ejemplo del hambre, la miseria y las enfermedades de la pobreza. La vacuidad del yo es la base sustancial de la compasión y de la sabiduría.

Entonces, se puede decir que los fenómenos y objetos no existen por sí mismos, en sí mismos y de sí mismos, por derecho propio, o intrínsicamente, toda vez que tienen naturaleza dependiente. El problema es que los sentidos humanos los perciben como independientes y como entidades separadas de las demás. Ésta es justamente la llamada percepción "errónea", pues no existe nada que puede postularse como absolutamente independiente.[104]

La naturaleza ilusoria de la realidad reflejada en la mente hace que los diversos estados mentales, pensamientos, sentimientos, emociones y acciones se sustentan en el error; de ahí que nos hagamos esclavos de las percepciones incorrectas de creer en la existencia por sí misma. Por lo tanto: "A través de la vacuidad se evita el extremo de la materialización de la existencia [...] y en su lugar, la originación dependiente, se evita el extremo de la no-existencia total".[105] Vacuidad y origen dependiente constituyen las dos caras de una misma moneda y son la base de la sabiduría que permite trascender las perturbaciones mentales y las aflicciones sentimentales, las dos inmensas columnas que erigen el mundo de la pesadilla del samsara.

---

104 *Visión de una nueva conciencia*, 1996, p. 15.
105 *Un acercamiento a la mente lúcida*, 1994, p. 86.

3

Perturbaciones mentales y aflicciones emocionales

Por naturaleza la mente es luz clara

La felicidad y el sufrimiento son fenómenos impregnados de vacuidad, como todo lo que existe; siendo así, el poder identificar sus causas y condiciones se convierte en una tarea sustantiva; descubrir sus relaciones de interdependencia con otros fenómenos crea la posibilidad de cultivar unos y superar otros. Dado que tales estados existenciales se originan en estados mentales diferenciados, resulta pertinente estudiar la mente como tal, su naturaleza, y sus desajustes, o sea el conjunto de experiencias perneadas por dukha, el elemento más abundante en el mundo del samsara.

Para la doctrina budista, la única manera de percibir la realidad tal y como es, implica poner en práctica la introversión que permite la luz clara definida como la naturaleza última de la mente. Ésta se convierte en una actitud para conocer y superar todas las nociones y percepciones erróneas que surgen de la ignorancia y de la falsa creencia en la existencia inherente de los objetos y los fenómenos. Conocer la realidad objetiva, cuyas determinantes cualitativas son la impermanencia, la insatisfacción y la vacuidad, no sería posible si la mente misma no poseyera la capacidad de absorber los tres sellos de la realidad.

Por eso el Dalai Lama afirma que "cuando se genera la Luz Clara objetiva, que es el Vacío asimilado con la experiencia subjetiva de la Clara Luz, la mente innata [...] se produce la conciencia más poderosa para contrarrestar la fuerza de la sujeción"[106] de la ignorancia, el engaño y las ilusiones. Indagar sobre los objetos y fenómenos de la existencia mundana hace posible examinar el "modo de aprehensión de la mente", esto es, descifrar la manera en que suceden las cosas dentro de la mente. En un principio, en la cotidianidad, las cosas de la mente aparecen sólidas e independientes. Por ejemplo, cuando se produce un sentimiento de odio, éste parece definitivo y sumamente concreto y negativo; y sin embargo no es real.[107] Ese sentimiento surge y desaparece, a veces sólo en algunos segundos. Es la actitud mental la que hace aparecer el sentimiento de odio. Esto resulta muy importante porque determina si un sentimiento se convierte en sufrimiento o en felicidad. Cuando se desarrollan actitudes de apego y aversión sobre cualquier tipo de objeto, la mente se encontrará abrumada y ansiosa por ver cumplidos tales deseos.[108] Aquí la conciencia o facultad de la mente de conocer y sentir el mundo interno y el externo, se encuentra atrofiada, anulándose su capacidad de luminosidad, de claridad, ante la vida.

Aunque la mente de luz clara es mera experiencia y conocimiento directo y sin "intermediaciones", éstas no se pre-

---

[106] *El poder de la compasión*, 2001, p. 134.

[107] *Compasión y no violencia*, 2001, p. 135.

[108] *Mundos en armonía*, 2001, pp. 30-31.

sentan de manera natural porque las experiencias del pasado contaminan su funcionamiento natural.

La luz clara de la mente puede ser posicionada en las experiencias humanas desarrollando la paz interna, lo que el Dalai Lama llama la "serenidad del espíritu".[109] Si bien la naturaleza de la mente es esa luz clara, que todo lo conoce y lo experimenta tal y como es, con el tiempo (medio ambiente social) y las malas experiencias se va impregnando de categorías, creencias y hábitos que bloquean su cualidad de conocer y experimentar de forma pura. De hecho, esa capacidad de la luz clara hace evidente que la naturaleza sustantiva de los seres humanos es buena, porque la mente última es luz clara. Cierto es que los odios, las envidias y otros estados mentales negativos parecen formar parte de la naturaleza de los seres humanos, pero los estados mentales positivos como el afecto y la bondad son definitivamente los predominantes. Desde el nacimiento hasta la vejez se depende de otros seres con capacidad de cuidar y apoyar.[110]

Originalmente la luz clara es como el agua o el cielo: en su naturaleza primordial son transparentes y limpios; si el agua se ensucia con polvo o el cielo se oscurece con nubes grises, eso no quiere decir que su naturaleza primigenia desparezca, sino que simplemente se oculta debido a fenómenos exteriores, exógenos al agua y al cielo. Ésta es la idea cardinal de la doctrina budista cuando se habla de luz clara:[111] es

---

[109] *Más allá de los dogmas*, 1994, p. 65.

[110] *Ibídem.*

[111] A la cualidad primordial de la mente de ser luz clara también se le llama conciencia absoluta o mente pura como dice el budismo zen. Un símil a la doctrina cristiana puede ser, abusando quizá de las analogías, el concepto de Espíritu Santo: es la entidad divina que todo ser humano posee en su interior, en su corazón puro y sincero.

el estado natural, transparente y limpio de la mente sin factores externos que la oscurezcan. Por tanto, "A la mente de luz clara se le llama mente fundamental porque es la raíz de todas las mentes; en relación con ésta todas las demás mentes son simplemente adventicias".[112]

Como se verá en los siguientes dos apartados, las "mentes adventicias" son precisamente las perturbadas y afligidas que ya hemos descrito; ahora interesa poner más énfasis en el hecho de que no corresponden a la naturaleza propia de la mente, de la luz clara. Ésta tiene un continuo consustancial a la mente del pasado que la genera y por lo tanto no tiene principio ni fin.

La mente es una entidad que no tiene forma física, ni materia, ni color, olor o sabor; se trata de una energía especial concentrada capaz de conocer analíticamente el mundo y la existencia y reflejar en sí misma los objetos externos así como ser lugar donde brotan los pensamientos mismos. Por tanto, no es causa de elementos materiales, pero tampoco puede actuar como causa sustancial para determinar las formas de esos elementos externos. La causa sustancial de una mente es la que precede; por eso la mente constituye un flujo continuo de mentes; las previas determinan a las posteriores.[113]

La naturaleza de la mente es ser claridad, así como la naturaleza del agua es la transparencia, y la del fuego, quemar. La naturaleza de la mente no se destruye, no cambia su cualidad de claridad y de bondad (*samantabadra*, en sánscrito), aun si está sucia o intoxicada. Para la mente, como se verá en el siguiente apartado, las perturbaciones y las aflicciones internas se producen como un juego interno y responden

---

[112] *Un acercamiento a la mente lúcida*, 1994, p. 203.

[113] *Ibídem*, p. 220.

a la apariencia, al engaño que surgen por la confusión que propicia el hecho de no comprender las causas y los efectos reales que se producen por el accionar de los pensamientos, de las acciones verbales y las conductas corporales.

Las perturbaciones mentales y las aflicciones emocionales, que se proyectan en el odio, la aversión y la ignorancia, son creadas bajo ciertas condiciones coyunturales; cuando esas condiciones cambian, las perturbaciones y aflicciones desaparecen. La mentalidad ignorante, y por tanto confundida, no puede impedir la presencia de la luz clara; aunque en momentos de cólera pareciera anularla, en realidad ésta sigue ahí, siempre latente.[114]

De acuerdo con el Dalai Lama, la luz clara tiene su origen en la separación entre el samsara, o el cúmulo de estados de dukha, y el nirvana, estado mental de pureza y total desprendimiento de estados perturbados y afligidos. El samsara se hace presente porque al no poder estar expresada permanentemente la luz clara en la cotidianidad, o sea, instante tras instante en la vida de los seres humanos, aparecen los pensamientos obsesivos y errantes bajo el dominio de las acciones kármicas realizadas en el pasado y experimentadas en el presente; así es como se erigen más delante las perturbaciones mentales y las aflicciones sentimentales que suscitan acciones mentales, verbales y físicas erróneas, con lo que se genera karma dañino que a su vez reinicia el ciclo de errores y problemas iniciales: ésta es la definición más correcta del samsara.[115]

Gracias a la naturaleza primigenia de la mente como luz clara, ésta tiene la capacidad de conocer de manera correcta

---

[114] *Pacificar la mente*, 2000, p. 61.

[115] *Ibídem*, 2000, p. 62.

los objetos; de ello se deduce que la ignorancia no forma parte sustantiva de la mente, sino que se debe a factores que bloquean la expresión activa del conocimiento de la mente.[116] La ignorancia, en este sentido, se da porque la luz clara no se hace visible en la mente; por lo tanto, se convierte en un obstáculo externo al conocimiento.

Ahora bien, la causa sustancial de un estado mental determinado (ya sea positivo como la bondad, la paciencia o el amor, o negativo, como la codicia y el odio) es el momento previo al mismo. Así, cada momento dado de conciencia funciona como causa sustancial para el momento de conciencia subsiguiente; por lo tanto, la causa de un estado mental negativo debe buscarse en un estado mental previo. Éste puede ser definido como un estímulo que se percibe por medio de los sentidos y se arropa de sensaciones. Pero antes de aparecer el estímulo surge un pensamiento, la mayoría de las veces inconsciente, que le da dirección al estímulo hacia una percepción determinada (una evaluación que se hace en el acto para ponderar si las fuerzas son benéficas y favorables o destructivas y amenazantes).[117] De esa manera se construye la reacción conductual virtuosa, si ayuda a la formación de eventos de felicidad, o no virtuosa cuando encauza la experiencia hacia el sufrimiento.

En la mente se inicia el estímulo de las acciones humanas, y también ahí la luz clara queda ensombrecida en la medida en que el conocimiento objetivo y realista de las circunstancias y las condiciones de las sensaciones son conceptualizadas en función de los hábitos mentales adquiridos por karma o por experiencias pasadas, distorsionando, a veces de

---

[116] *Consejos espirituales*, 2002, p. 128.

[117] *El arte de la compasión*, 2002, pp. 46-47.

forma esquizofrénica, las causas del estímulo inicial. Por eso, en casi todas sus conferencias el Dalai Lama habla de que aunque "La verdadera naturaleza de la mente [es] una clara experiencia de nuestro conocimiento, queda ensombrecida en la vida cotidiana".[118]

En la experiencia del presente inciden los recuerdos vívidos de experiencias pasadas y las idealizaciones futuras. Los pensamientos que trascienden el presente crean un muro para la manifestación de la luz clara.

El flujo de la mente como luz clara no tiene principio ni fin, y no puede detenerse, por lo que en cualquier momento se pueden anular los elementos que la obstruyen; no se requiere numerosos estímulos para tomar conciencia plena de la experiencia. En otras palabras, la concentración mental (*samadhi*) en un punto y la meditación abierta de la conciencia (*vipassana*) son factibles de realizarse en toda actividad humana cotidiana y normal; la expresión abierta, luminosa y sensible de la luz clara de la mente se llama, en la doctrina del budismo, el "cuerpo de la verdad de Buda",[119] o budeidad existente en todo ser humano, independientemente de lo que haya hecho durante su vida.

Si la luz clara se identifica con los estados de calma, quietud y equilibrio de la mente, entonces se puede afirmar que las emociones perturbadoras y destructivas desajustan aquellos estados sosegados.[120] Pero esa invasión o "estado de sitio" a la luz clara tiene un límite temporal, pues resulta extraña a la misma naturaleza última de la mente. Hoy en día los neurocientíficos han comprobado biológicamente que

---

[118] *Ibídem*, p. 89.

[119] *Ibídem*, p. 106.

[120] *Emociones destructivas*, 2004, p. 210.

las redes neuronales no son fijas, que pueden rediseñarse las conexiones entre ellas y producir no sólo nuevas conexiones, sino nuevas neuronas. De esta manera se demuestra que la base material de la mente es moldeable y no definitiva.[121] Con estos resultados, es factible adiestrar a la mente para que se dirija a un estado permanente de apertura, luz y sensibilidad, es decir, para que expanda su luz clara disminuyendo la presencia de las perturbaciones mentales y de las aflicciones emocionales que dañan la existencia.

Los pensamientos aparecen, se desarrollan y desaparecen en la mente, son el primer detonador de las intenciones; a partir de la aparición de la intención se suscita el ciclo de respuestas y encadenamiento que parten de la sensación (agradable, desagradable o neutra), la percepción (buena, mala o indiferente) y la voluntad de acción o experiencia (sufriente, dichosa o imparcial). Al final de la cadena se encuentra la conciencia, que puede definirse como el pensamiento que detonó la reacción en cadena de acciones mentales y corporales. En este marco, una mente que no expresa la luz clara tiende a generar pensamientos confusos, discursos conceptuales internos, monólogos neuróticos y obsesivos sobre los mismos pensamientos surgidos de las sensaciones y de las percepciones vividas en el pasado.

Si en su origen la mente es luz clara, si las perturbaciones y aflicciones no forman parte de su naturaleza y si, en cambio, la mente dominada por éstas sucumbe a los pensamientos obsesivos, entonces también puede tomar forma, según el tipo de pensamiento que prevalezca. Por ejemplo, cuando surge un pensamiento de ira contra una persona, los pensamientos adquieren matices de cólera, al igual que las ideas,

---

[121] *Ibídem*, p. 245.

los sentimientos, los conceptos; todo se ve empujado hacia ese estado mental: el sujeto se asume en función del coraje, a tal grado que pareciera no haber otro estado mental y corporal.[122] Si este estado se repite con frecuencia, hace que el sujeto se convierta en alguien a quien se identifica sustancialmente como colérico o iracundo.

Los pensamientos que anteceden a las aflicciones y perturbaciones mentales siempre son insanos, negativos, destructivos y tienen sustento en el egoísmo de las personas; el hecho de estar pensando en los deseos e intereses de uno mismo, el estar ensimismado, forja el ciclo de aflicciones desde la intención, o motivación, hasta la acción realizada sobre un objeto, sobre una entidad que se convierte en el blanco de las energías existenciales del sujeto.

La mente de luz clara posee las cualidades de conocer y experimentar de manera natural; por eso sus fuerzas no proceden de ciertas condiciones, sino que le son inherentes.[123] Las impurezas mentales, la estructura de las perturbaciones y aflicciones, son momentáneas e intermitentes en la medida en que se presentan cuando existen las causas y condiciones que les dan sustento. De ahí que se pueda explicar el estado mental de apego, cuyo impulso atribuye a los objetos y fenómenos (personas y formas materiales) las cualidades de ser sólidos, únicos y permanentes; así, el sujeto procura su apropiación, la integración a su persona. Pero como la misma experiencia lo demuestra, las cualidades de solidez y permanencia no existen de manera inherente, por lo que el objeto o fenómeno de apego resulta una ilusión, un engaño. De un momento a otro, la persona que desarrolla el apego

---

[122] *Ibídem*, p. 216.

[123] *Pacificar la mente*, 2000, p. 86.

se "da cuenta" de la inconsistencia, de la generalidad y de la impermanencia de los objetos y fenómenos deseados; entonces es cuando se genera la perturbación y la aflicción mental. Todo tiende a desbaratarse en las manos y eso trastoca a la mente que desea que las cosas respondan a sus intereses.

Las ilusiones y los engaños equivalen a cubiertas de suciedad y contaminación en las que se desenvuelve la luz clara de la mente. Pero existen ciertos momentos en la cotidianidad en que la luz clara hace acto de presencia creando un estado no conceptual; con sutileza se puede observar esa expresión de claridad y luminosidad, por ejemplo, en ciertos momentos del sueño, cuando se estornuda, en el clímax sexual o en ciertos tipos de desfallecimiento.[124] Las técnicas de meditación pretenden desarrollar los estados mentales de luz clara expandiendo estas experiencias que duran pocos segundos con el fin de limpiar la mente.

Los estados mentales contaminados son pues adventicios y ocasionales. Sin el fundamento de dicha hipótesis sería imposible el cultivo de mentes puras e iluminadas.[125] En las mentes ilusorias y cognitivamente afligidas con patrones repetitivos y obsesivos de pensamiento (hábitos mentales) confluyen las acciones negativas derivadas de actitudes ignorantes que son modos ilusorios de abordar las circunstancias de la existencia y de responder erróneamente a las diversas experiencias.

Para el Dalai Lama la importancia de comprender los impactos de la energía de luz clara en la mente, como una cualidad inherente a ella, reside en que si es así, entonces todo ser humano tiene su origen en esa cualidad; y no sólo esto,

---

[124] *El mundo del budismo tibetano*, 1998, p. 108.

[125] *Ibídem*, p. 114.

sino que se puede sostener que todo el universo material como tal es expresión burda o manifestación de los procesos de la mente innata de luz clara.[126] Si estas dos hipótesis resultan ciertas, se puede afirmar que la luz clara es la fuente de la existencia de las formas materiales e inmateriales, el origen de todo lo que existe. Pero éste es un tema que desborda los marcos analíticos que pretende este libro, pues se adentra en el misticismo y en el budismo tántrico.

Volviendo al asunto de las expresiones de la luz clara en ciertos eventos de la cotidianidad, o a su manifestación por medio de diversas técnicas de concentración y meditación, –aunque existen otras como oraciones, devociones y postraciones que tienen también la misma finalidad–, se puede observar que esa cualidad de conocer se exterioriza cuando se toma conciencia del estado mental.

Cuando la mente se distrae, o se encuentra desenfocada, la conciencia se "puede dar cuenta" de que esa mente está distraída casi siempre a causa de los recuerdos de experiencias pasadas o por la aparición de ideas e imágenes sobre el futuro.[127] El darse cuenta de esas distracciones mentales implica que la conciencia se transforma en testigo de lo que ocurre en la mente. El que la mente se observe a sí misma, constituye una de las más bellas y poderosas manifestaciones de la luz clara.

La posibilidad de que la mente se observe a sí misma resulta una excepción en la cotidianidad de la mayoría de las personas que viven en el samsara. En términos generales, el estado ordinario mental mantiene un nivel burdo de la conciencia; en la vigilia, la conciencia funciona casi siempre

---

[126] *El mundo del budismo tibetano*, 1998, p. 146.

[127] *Ibídem*, p. 174

bajo los preceptos de patrones mentales, de hábitos de respuestas automáticas, donde los pensamientos y los ejercicios conceptuales de las mentes recorren las redes neuronales ya conocidas y practicadas, que ya están solidificadas. En este mundo, el de vigilia cotidiana, las respuestas son fáciles y conocidas. Se va por la vida buscando en todas circunstancias el cumplimiento de deseos de apego y de aversión, con base en sensaciones agradables y desagradables,[128] actitud que sustenta la mayoría de los problemas que sufren los seres humanos: los objetos de apego y aversión aparecen a la mente burda como si fueran entidades perdurables y sólidas.

Perseguir en la vida cotidiana los objetos a los que se les atribuyen cualidades de apego o aversión produce agresividad y competitividad entre los individuos. Cada proceso mental de esta índole fácilmente se convierte en una acción, derivada de la selección de un pensamiento entre miles, lo cual a su vez genera procesos personales, familiares y sociales impregnados de una belicosidad;[129] por supuesto que a lo largo de la historia, el progreso moderno y las nuevas tecnologías han aumentado los niveles de agresión y conflagración hasta llegar a la factibilidad de destruir toda la Tierra.

Por ello la doctrina budista promueve la presencia de la luz clara en las acciones humanas; en tal sentido, el apego y la aversión se reducirían proporcionalmente. Por desgracia la luz clara es una manifestación muy sutil que si bien propicia

---

[128] Estas sensaciones agradables y desagradables corren a través de los seis sentidos (puertas de la existencia) y se relacionan directamente con seis objetos y fenómenos: vista, olfato, gustativo, auditivo, táctil y mental, con sus respectivos objetos de contacto: cuerpos o paisajes, olores, sabores, sonidos, texturas y pensamientos.

[129] *Océano de sabiduría*, 2000, pp. 29-30.

la facultad humana de tomar conciencia neta y del pensamiento cognitivo correcto de la realidad, se encuentra oculta en la existencia cotidiana, en la vida mundana.

Sólo los seres humanos pueden desarrollar la conciencia de sí mismos; el reflejo de la mente para sí misma se establece gracias a la cualidad de contener la luz clara; por tanto, la conciencia o la mente "no es más que energía sutil sobre la cual todo se puede proyectar. Su naturaleza es luminosa".[130] Gracias a esta facultad mental de la luz clara, las perturbaciones y aflicciones que aparecen en ella pueden ser superadas pues son fenómenos endógenos a la mente sutil de la luz clara.[131]

Las perturbaciones son exterioridades

En este apartado exponemos con mayor detalle la idea que venimos manejando desde el principio de este capítulo: que las perturbaciones mentales y las aflicciones emocionales no pertenecen a la naturaleza innata de la mente; en pocas palabras, no forman parte de la conciencia humana. En el sistema de pensamiento budista esto es alentador, pues aquí reside toda la esperanza y todas las posibilidades de superar el estado de samsara en que nos encontramos desde hace mucho tiempo. El Dalai Lama sustenta sus propuestas, las más importantes, en esta hipótesis de exterioridad de los estados mentales negativos.

En sánscrito, las perturbaciones y aflicciones mentales y emocionales se llaman *kleshas*; el concepto tiene que ver mucho con lo caótico o algo que está sumamente desordenado,

---

[130] *Compasión y no violencia*, 2001, p. 54.

[131] *Océano de sabiduría*, 2000, p. 49.

y todas ellas son factores mentales, es decir, elementos de la mente burda, de la mente más mundana. Las kleshas son pensamientos que aparecen en la mente y que oscurecen o esconden la luz clara de la mente sutil. Inducen a la ilusión y al engaño y, por lo tanto, empujan actitudes nefastas para la paz y la convivencia entre los seres humanos, entre éstos y la naturaleza. En pocas palabras, las kleshas son factores mentales decisivos en la creación de los estados de dukha, de malestar e insatisfacción; son los responsables directos del sufrimiento.[132] Ésta es la base genérica para el desarrollo y cultivo de los tres venenos: el odio, el apego y la ignorancia.

La mente está compuesta de conciencia, pensamientos, imágenes y emociones. Sin duda alguna, la historia de la humanidad puede escribirse a través de la historia de las ideas. Todos los hechos y situaciones que los seres humanos han producido a lo largo de sus diversas sociedades y modos de producción y consumo se derivan de los pensamientos tanto negativos –cuando se hace la guerra o se destruye el medio ambiente– como positivos –cuando se descubre una medicina, o se desarrollan dispositivos que disminuyen el malestar y la incomodad en las actividades cotidianas–.[133] De ahí que el primer párrafo de uno de los textos básicos del budismo, el *Dhammapada*, diga así:

Somos lo que pensamos
Todo lo que somos surge con nuestros pensamientos
Con nuestros pensamientos construimos el mundo
Habla o actúa con mente impura
Y los problemas te seguirán
Como sigue la carreta al buey ensimismado.

---

[132] *La meditación paso a paso*, 2001, p. 183.

[133] *Samsara*, 2002, p. 55.

Habla o actúa con una mente pura
Y la felicidad te seguirá
Como tu misma sombra, inseparable.[134]

Las aflicciones emocionales modifican un estado previo que puede ser de paz interna, de calma mental. Cuando la tranquilidad se vulnera, se debe a algún impulso externo cuya sensación asume la forma de pensamiento de apego o aversión o la forma energética de una emoción negativa que contiene altos niveles de destrucción, agresividad y malestar. Se habla de perturbaciones mentales y aflicciones emocionales porque de esa manera queda más clara la referencia a los factores negativos que actúan en la mente.

De hecho, las perturbaciones mentales son exterioridades a la mente de luz clara porque se trata de elementos que causan un desajuste entre los pensamientos, las emociones y en la interdependencia de la conciencia con objetos y fenómenos externos de contacto. Por eso, el Dalai Lama manifiesta que todo proceso de la inteligencia correlacionado a una perturbación mental o a una aflicción emocional invariablemente distorsiona la realidad,[135] lo cual implica que las acciones mentales, verbales y físicas seguramente se verán forzadas a presionar y dislocar los resultados de esas acciones generando mayor sufrimiento, ansiedad y malestar, ya que afectarán de manera directa los factores constituyentes de la paz interna y de la claridad mental.

El apego, la hostilidad y la indiferencia son los efectos más notables de las perturbaciones a la mente sutil; nacen

---

[134] *El Dhammapada*, versión de Alberto Blanco, Fondo de Cultura Económica, México, 2004, p. 27.

[135] *Emociones destructivas*, 2004, p. 131.

como resultado directo de la prevalecía del aferramiento, el odio y la ignorancia. Con base en estas consideraciones, todas las personas tienden a clasificar sus percepciones en relación con los demás definiéndolos como amigos, enemigos y extraños.[136] Para cada uno de ellos se reserva una actitud determinada que corresponde a lo que se ha descrito como los tres venenos. Mientras éstos predominen en nuestra experiencia resulta casi imposible hacer surgir una manifestación mínima de la luz clara de la mente de paz, concordia y compasión.

Para el mundo occidental, identificar las emociones con procesos cognitivos es algo extraño. En esta cultura, por herencia de las concepciones del Renacimiento europeo, se han separado los procesos mentales de los procesos emocionales. Para el budismo existe muy poca diferencia: mente y emoción son una entidad única, con algunas variaciones en sus manifestaciones. *Shepa* es un concepto tibetano que se traduce como conciencia o cognición, pero simbólicamente hace referencia al evento mental del pensamiento que hace surgir una emoción, y ésta a su vez hace surgir otro pensamiento. No resulta relevante saber qué surge primero, si el pensamiento o la emoción, sino que estos dos elementos de la mente son presencias conceptuales en la mente que pueden ser al mismo tiempo pensamientos, imágenes y emociones.[137]

Pensamientos y emociones son, en efecto, eventos mentales para el budismo. El Dalai Lama explica con insistencia que las emociones tienen elementos altamente cognitivos, lo que implica que una emoción está acoplada a lo que se

---

[136] *Samsara*, 2002, p. 123.

[137] *Emociones destructivas*, 2004, p. 106.

piensa. Ésta es la razón de que las aflicciones mentales distorsionen la imagen mental que hace la conciencia de la realidad, pues empañan y se interponen entre el objeto reflejado y la imagen mental; en el caso del apego el cambio se produce porque se exageran las cualidades positivas, y en la aversión porque se exaltan las cualidades negativas. En resumen, la imagen del objeto de apego o de aversión se toma como el objeto mismo "fuera" de la mente; precisamente ésta es la base de la psicología budista.[138]

Por tanto, el deseo, el odio, la ignorancia (que para nuestro caso también se considera una emoción), los celos y la arrogancia, entre otros muchos estados afligidos, surgen de la manera en que funciona la mente. Estos estados tienen dos factores comunes: nacen apuntalando los intereses del ego frente a las situaciones y condiciones que se viven, y son dañinos tanto para uno mismo como para los demás; por eso se les llama dharmas perniciosos o fenómenos mentales perjudiciales. En cambio, los dharmas beneficiosos se identifican con la compasión, la tolerancia, la dulzura, la ternura.[139] Los dharmas positivos son recreaciones propias de la mente innata de luz clara y tienen suficiente fuerza como para neutralizar los dharmas negativos, causantes del sufrimiento humano.

Para que prevalezcan estados mentales perniciosos han de existir algunas causas que los originen; el Dalai Lama llama a estas causas las "puertas de la decadencia" porque constituyen el impulso inicial que da vida temporal a las perturbaciones mentales y aflicciones emocionales:

---

[138] *Ibídem*, p. 130.

[139] *El ojo de la sabiduría*, 2001, pp. 39-40.

1. La ignorancia (o el estar confundido respecto a la realidad de las cosas).
2. La falta de entendimiento del dharma positivo.
3. La mente de distracción, buscadora de sensaciones placenteras.
4. El descuido y el encadenamiento vicioso de las impurezas mentales.[140]

La exterioridad de las mentes impuras o perniciosas se comprueba por el hecho de que no sólo la mente queda dañada, sino que la ilusión y el engaño son manifestaciones sin fundamento de la realidad y por lo tanto de un instante a otro se fracturan y desaparecen. Mientras las mentes intoxicadas sean mayoría en los flujos continuos mentales, parece muy difícil que surjan los estados de felicidad y paz interna. Cabe insistir en que las actitudes de negatividad bloquean las posibilidades de que aparezca la luz clara, la naturaleza de la mente. La ignorancia aparece como el estado inicial de las mentes impuras; a partir de ella se desprenden el apego y el odio, así como el orgullo, la ilusión y la duda,[141] que se sustentan en el apego y el aferramiento al yo, al ego, y su complacencia para explotar el universo con tal de satisfacer los deseos egoístas.

---

[140] *Ibídem*, p. 80.

[141] *El camino del gozo*, 2001, p. 97. En el budismo Mahayana, existen otros 20 factores mentales que son engaños secundarios derivados de los anteriores, es importante conocerlos: agresividad, rencor, encubrimiento, animosidad, celos, avaricia, pretensión, deshonestidad, arrogancia, crueldad, desvergüenza, pereza, desconsideración, imprudencia, pesadez, agitación, incredulidad, olvido, desatención y distracción.

Precisamente porque los estados mentales perniciosos no son parte estructural de la mente sutil, de la mente primaria, existe la posibilidad de ser suprimidos. Dado que el estado natural de la mente es el saber y la experiencia, la contaminación perniciosa no forma parte intrínseca de la misma.[142] En otras palabras, es posible cesar la producción de mentes contaminadas porque al ser formas exógenas a la mente, su eliminación no traería ningún cambio adverso a la mente sutil, esencial; por el contrario: la conduciría a su estado prístino.

Las escuelas inscritas en el Hinayana atacan los estados mentales negativos por medio de antídotos. Al odio se le contrapone el amor; al egoísmo la generosidad y así sucesivamente. En cambio, en las escuelas Mahayana se procura liberar a las mentes de los estados perniciosos por medio de estrategias diversas de análisis, utilizando de manera privilegiada la hegemonía de la vacuidad. Por último, en las escuelas Vajrayana, o tántricas, la estrategia consiste en que el flujo de energía de los estados mentales negativos se reoriente hacia estados mentales positivos, de sabiduría y compasión tal y como son expresados en las cualidades más altas de los budas.

Caer en las redes de los estados mentales negativos es fácil y común en los campos del samsara; aunque si se analizan a fondo sus manifestaciones se encuentra que poseen un alto nivel de irracionalidad. Los estados mentales negativos no causan el menor efecto material y físico sobre el objeto odiado, el llamado enemigo. Más aún –señala acertadamente Dalai Lama–, es la persona que odia, y no el odiado, el que sufre el daño mayor al verse abrumado de amargura y

---

[142] *Un acercamiento a la mente lúcida*, 1994, p. 18.

frustración.[143] Los efectos del odio, la codicia o la maldad en las personas que los originan son infinitamente mayores que los efectos hacia las personas a las que están dirigidas esas emociones. La mente queda confinada y secuestrada por los pensamientos de odio, uno de los estados mentales más lastimosos. Una persona que odia es una persona infeliz, y no tiene otra salida más que recrease a sí misma por medio del odio; desencadena así un círculo vicioso de sufrimientos.

En pocas palabras, el poder educar la mente, rediseñar los estados mentales para dirigirlos a la sabiduría y la compasión, y desligarlos de las perturbaciones y aflicciones, son realizables porque éstas no forman parte intrínseca de la mente; no pertenecen a la sustancia de la mente, sino a la superficie, a la exterioridad.[144] Hay, pues, alternativas válidas, tanto científicamente como por experiencia de personas que lo han logrado, de deshacerse de las mentes perturbadas y afligidas de la conciencia humana.

De ahí que la iluminación y la budeidad no tengan que buscarse fuera de la conciencia, sino en ella. Aunque por lo general ésta se encuentra dispersa, se hace necesario construir conductos para canalizar esas energías; para eso sirve la meditación. Pero quizá más importante sea el que la sabiduría conduzca de manera adecuada aquellas energías y sea capaz de romper los hábitos de pensamiento y los patrones mentales; dichas energías le han dado vida artificial a todos los estados mentales perniciosos que hacen sufrir a los seres humanos.[145]

---

[143] *El arte de la compasión*, 2002, pp. 75-76.

[144] *Un acercamiento a la mente lúcida*, 1994, p. 74.

[145] *Ibídem*, p. 94.

Por supuesto que cuando se dice que las perturbaciones y aflicciones mentales no forman parte de la naturaleza última de la mente, no significa que no sean estados mentales naturales a la existencia; éstos nacen también en la mente, ahí se desenvuelven y ahí mismo desaparecen. Pero son factores secundarios en la medida en que se asientan, tienen su origen, no en la mente sutil de luz clara, sino en las maneras distorsionadas de percibir el mundo. De ahí que las perturbaciones y las aflicciones no tienen un soporte estable, pues no se basan en la realidad objetiva; por eso son frágiles, pero también sumamente peligrosas.[146]

Por el contrario, las mentes positivas, virtuosas, nacen como expresiones de la mente sutil, de la mente de luz clara; en cambio, las mentes no virtuosas, perniciosas, surgen de las falsas percepciones que la conciencia se hace de las experiencias, situaciones y circunstancias que se viven. He aquí la clave de la felicidad y del sufrimiento; cultivar las primeras trae como consecuencia felicidad; y a la inversa, desplegar las segundas propicia el sufrimiento.

Otro elemento que apoya la idea de que las perturbaciones y aflicciones son exteriores a la mente primaria es que el odio y la cólera causan estados de insatisfacción y malestar;[147] provienen de un estado existencial de frustración al impedirse la realización de los deseos. Si los estados mentales perniciosos nacen por la insatisfacción, esto quiere decir que al superar ésta, quedan anuladas las causas del odio y la cólera. Las mentes perturbadas y afligidas son fenómenos condicionados por dos factores: por las distorsiones que de-

---

[146] *Emociones destructivas*, 2004, p. 136.

[147] *El mundo del budismo tibetano*, 1998, p. 89.

terminan percepciones incorrectas sobre la realidad y por estados existenciales de insatisfacción o frustración de deseos.

Se trata pues de fenómenos que pertenecen a las áreas de la mente, una en cuanto a la visión y otra referida a la realización de deseos. Estos fenómenos dejan ver las condiciones adversas que las personas sufren al enfrentarse a situaciones inevitables como la enfermedad, la vejez o la muerte, y al oponerse a los flujos que provienen de las cosas que se desean y no se tienen; que se tienen y no se desean, o que se tienen y se desean y se pierden. Así es como las perturbaciones y aflicciones se convierten en el peor enemigo de las personas y en la principal fuente de sufrimiento, pues en el momento en que se presentan en la mente, destruyen la paz y la calma, e inclusive dañan tanto la salud física como las relaciones con los demás.[148]

Toda acción negativa, perversa, realizada mental, verbal o corporalmente proviene de una determinada perturbación mental o de una aflicción emocional. Por eso, las perturbaciones y las aflicciones se convierten en causantes del mayor daño que se puede hacer uno mismo y a los demás; son el principal enemigo de la felicidad y de la paz, tanto interna como externa. Aquí el papel de la inteligencia resulta fundamental, determinante, pues a través del análisis se puede detectar el potencial positivo y negativo de un suceso determinado o de un factor mental que puede tener efectos negativos, positivos o neutros.

Si la ignorancia genera sufrimiento, ya sea por percepciones erróneas o por la imposibilidad de ver cumplidos los deseos, entonces la inteligencia se convierte en una herramien-

---

[148] *Las cuatro nobles verdades*, 2002, p. 77.

ta esencial para superar aquellas causas. El dolor, como lo expresa el Dalai Lama, es una experiencia que nadie desea en su sano juicio.[149] Aquí la conciencia de las causas y efectos se convierte en la metodología más eficiente y asertiva; aplicada en el momento y espacio oportunos, se convierte en la más adecuada para superar los estados de dukha, de insatisfacción que vivimos cotidianamente. Todo estado perturbado y afligido impide que la conciencia –o la mente sutil– pueda comprender correctamente la realidad,[150] ya que crea nociones falsas de las circunstancias y de las causas y los efectos que se experimentan.

Las aflicciones suceden por errores de la inteligencia

Las aflicciones emocionales y las perturbaciones mentales suceden por errores conceptuales e intuitivos de la inteligencia, es decir, de la forma en que se organizan los pensamientos para explicar, responder y vivir un determinado hecho, circunstancia o suceso.

Para el budismo, la tragedia humana, las guerras, la violencia, el maltrato y la explotación son provocados porque las personas no dominan sus propias mentes, lo que equivale a decir que son producto de la ignorancia. Las motivaciones e intenciones, en este contexto, tienen dos fuentes: por una parte, las impresiones que se basan en el odio, la ira y la codicia de acciones pasadas, algo así como el inconsciente de la teoría psicoanalítica freudiana y, por otra parte, en condiciones externas de enfrentar objetos y situaciones no desea-

---

[149] *El poder de la compasión*, 2001, p. 72.
[150] *Ibídem*, p. 74.

das,[151] o perder lo que se tiene y desea o por el hecho de tener lo que no se desea.

Por tanto, el estado intelectual de la mente se convierte en la clave para explicar las actitudes y reacciones que se tienen cuando existen condiciones no deseadas, que producen aversión y odio. La mente, en esa coyuntura, responde con una interpretación negativa, con un razonamiento nocivo, que puede consistir en una idea dada en segundos, o en un patrón de pensamientos que puede durar toda la vida. Así es como se construyen los conflictos que duran más de una generación y a veces varios siglos entre pueblos y razas. El mecanismo parece muy simple; al suponer que los razonamientos respecto a las circunstancias u objetos no deseados son ciertos, verdaderos, se incorpora una serie de ideas que a su vez refuerzan la ira, con lo cual ese "enemigo" termina siendo una figura simbólica en la mente de las personas que lo construyen; se convierte en un sujeto que no existe en la realidad sino sólo en el imaginario colectivo, toda vez que las personas lo han construido a través de sus experiencias, muchas de ellas impregnadas de mentiras y engaños.

Para la psicología budista, al igual que para la moderna, el odio y la ira se dividen en varios tipos. Uno de ellos se dirige hacia al interior de las personas, por lo tanto no aparece reflejado en el mundo externo. Otro tipo de ira se orienta hacia fuera y puede conducir a ataques físicos contra las personas, objetos y circunstancias a las que se les ha imputado ser causantes de sufrimiento y dolor. Un tercer tipo de odio se relaciona con estados de tristeza y depresión, donde ese sentimiento parece justificarse para desenvolverse

---

151 *Compasión y no violencia*, 2001, p. 31.

en el medio social en que se vive. Por último, el cuarto tipo tiene un carácter positivo, y sirve, por ejemplo, para superar grandes obstáculos internos y externos, está más ligado al coraje valiente. Se trata de una actitud positiva encauzada a la superación de dificultades.[152]

Para el Dalai Lama es importante desplegar en toda su amplitud las ramificaciones de los estados mentales definidos como tres venenos, que son los estados destructivos primarios. Para esto, se ha construido una serie de estados mentales destructivos secundarios, como ya se vio, que parten de la base de la ira, u odio, del apego y de la ignorancia:[153]

- De la ira: cólera, resentimiento, rencor, envidia, celos y crueldad.
- Del apego: avaricia, autoestima, excitación, ocultamiento de defectos, embotamiento.
- De la ignorancia: fe ciega, pereza espiritual, olvido, falta de atención.
- De una mezcla de apego e ignorancia surgen: petulancia, engaño, desvergüenza, desconsideración, falta de escrúpulos y distracción.

---

[152] *Emociones destructivas*, 2004, p. 256. Hay que tener presentes los cuatro tipos de ira u odio, porque de esa manera se supera la concepción de que el odio por sí mismo es negativo. En general, para el budismo, si se aplica constructivamente el análisis de las emociones y de las fuerzas humanas, aquellas que aparecen como perturbaciones y aflicciones humanas pueden resultar constructivas, sabiendo cómo redirigirlas y transformarlas en fuerzas positivas y benéficas para el progreso humano, dicho proceso de transformación es una técnica privilegiada en el budismo tántrico, vajrayana.

[153] *Ibídem*, pp. 148-149.

Las perturbaciones y aflicciones primarias se activan de maneras diferentes. Primero por medio de un acontecimiento imprevisto y, la mayoría de las veces, de poca duración, pero de profundo impacto emocional; por ejemplo, cuando somos víctimas de un robo, de un accidente o de una agresión. Una segunda manera de activarse las emociones destructivas se deriva de los mismos patrones mentales habituales; de las tendencias reactivas aprendidas desde el pasado, por historia y cultura. Estas últimas resultan las más difíciles de cambiar porque son las que están tan enraizadas en la mente que aparentan ser actitudes naturales, consustanciales a ciertas cualidades humanas.[154]

Algunas escuelas del budismo creen que basta la experiencia directa de la meditación para superar esos estados mentales. Pero la historia del crecimiento espiritual, y la experiencia, determina la necesidad de aplicar la inteligencia para darle una solución consistente y de largo plazo a las perturbaciones mentales y a las aflicciones emocionales. Por sí mismas, sólo se reproducen a escalas cada vez mayores y en mayor profundidad en la mente. Al fundamentarse en un patrón mental de pensamientos y actitudes aprendidas a través del tiempo, la mayoría de los estados de odio, ira, codicia y demás, son capaces de fundirse con la mente sutil, primaria. Si las personas no ejercen la inteligencia como un mecanismo de contención y de abstención, entonces su capacidad de producción ampliada entra en el ciclo de efectos multiplicadores: entre más se expresa el odio, por ejemplo, más se familiariza la persona con él, y con más facilidad lo expresa en la cotidianidad.

---

[154] *Ibídem*, p. 197.

El aferrarse a una persona, cosa o situación (deseo positivo), así como asumir una actitud hostil hacia un objeto (deseo negativo) inciden directamente en las perturbaciones y las aflicciones.[155] La distinción intelectual de ese tipo de actitudes proviene de la capacidad inherente de la mente para potenciar las funciones cognoscitivas de la conciencia. El apego, el odio y la ignorancia no poseen las cualidades cognoscitivas propias de la mente, por eso suele decirse que cuando a una persona la invaden las aflicciones primarias, sencillamente "deja de pensar".[156]

Para el Dalai Lama, las perturbaciones y las aflicciones son emociones destructivas, carentes de inteligencia, de razón, de lógica. Los pensamientos negativos anteceden al descontento y la frustración; estados psicológicos que propician acciones negativas y, por ende, desatan efectos dañinos y perjudiciales. Una vez que se presentan las causas y condiciones negativas, difícilmente se pueden detener sus efectos perniciosos.[157] En estas circunstancias, examinar con detalle el surgimiento de este tipo de emociones se vuelve prioritario en el campo del crecimiento espiritual y en la superación del sufrimiento.

Los resultados de las acciones dependen de las motivaciones y del modo en que las personas responden a las experiencias y acontecimientos. Si se tiene una actitud inteligente, paciente y bondadosa, lo que implica considerar los intereses de los demás antes que los propios, las acciones tendrán resultados benéficos, generando condiciones y causas positivas. En cambio, si la actitud frente a los acontecimientos es ne-

---

[155] *Mundos en armonía*, 2001, p. 109.

[156] *Las cuatro nobles verdades*, 2002, p. 96.

[157] *El poder de la compasión*, 2001, p. 45.

gativa, egoísta o soberbia, imponiendo el interés propio en perjuicio de los demás, entonces se producen las condiciones y causas para experimentar sufrimiento e infelicidad.[158] Los primeros resultados estarán acordes a la ética y a una moralidad razonable; los segundos serán actos inmorales, faltos de ética y agresivos.

Pero el veneno más peligroso para la mente sutil es, sin lugar a dudas, el odio porque puede destruir con facilidad la paz interior y exterior, la amistad, y si no se supera, se cancelan las vías para acceder a mejores niveles de convivencia y calidad de vida. Para el Dalai Lama, deshacerse de la más poderosa perturbación mental requiere de un "desarme interior".[159] El odio y la ira perturban la mente y, por lo tanto, anulan los espacios para cultivar una mente serena. Son los enemigos reales de las personas, porque expresan en su máximo esplendor la ignorancia con la que reaccionan los seres humanos frente a circunstancias y situaciones que no se desean en lo más mínimo.[160]

El odio siempre es negativo, no así el coraje porque éste de una u otra manera puede funcionar como estado mental de compromiso y superación de situaciones dañinas o peligrosas. El odio suele estropear la salud física de las personas que lo sienten; crea un sinfín de problemas de convivencia y determina el uso de la violencia física. En este sentido, comenta el Dalai Lama, "La historia de la humanidad demuestra que aquellos que han sido capaces de infligir increíbles

---

[158] *El arte de vivir el nuevo milenio*, 2000, p. 92.

[159] *Más allá de los dogmas*, 1994, p. 58.

[160] *El poder de la compasión*, 1999, p. 65

sufrimientos a sus semejantes, han actuado casi siempre movidos por un odio y una codicia sin límites".[161]

El ámbito donde se desenvuelven óptimamente las tres perturbaciones básicas, llamadas kleshas, el apego, la aversión y la ignorancia, es donde hay mayores errores de la inteligencia humana. Errores en este contexto se definen como aquellas acciones mentales, verbales y físicas que aunque pretenden generar felicidad y progreso, lo que producen en realidad son sufrimiento y destrucción.[162] Para la doctrina budista las kleshas son auténticas enfermedades mentales, pues dislocan la posibilidad de que la mente refleje de manera objetiva la realidad tal y como es.

Las perturbaciones y aflicciones suceden también porque no hay alegría interna en las personas; el mecanismo de desear constantemente una y otra cosa acelera obsesivamente los estados mentales para que aquellos deseos puedan cumplirse. La falta de claridad e inteligencia obliga a las mentes desordenadas a desatar las cadenas del deseo bajo la creencia de que así se logra la satisfacción, aunque los resultados sean inevitablemente las desilusiones, la infelicidad y la creación de un cúmulo de problemas. Los deseos así concebidos, es decir, perpetuos y obsesivamente egoístas, no tienen final.[163]

El estado existencial de descontento frente a los objetos de apego, como son las pertenencias, reproduce la conducta del consumo como un mecanismo para solventar la insatisfacción.[164] Querer algo y no poder obtenerlo propicia la carencia vivencial. Una mente instalada en estos avatares de

---

[161] *Más allá de los dogmas*, 1994, p. 67.

[162] *Ibídem*, p. 204.

[163] *Un acercamiento a la mente lúcida*, 1994, p.158.

[164] *El poder de la compasión*, 2001, p. 17.

canalizar todas las energías personales, materiales y financieras al logro de deseos presupone un enorme gasto de inteligencia, cuyos resultados no corresponden a los previamente planeados.

El incumplimiento de los deseos se convierte así en tragedia para las personas, y causa un estado emocional negativo que ocasiona perturbaciones y aflicciones.[165] Estas emociones, acompañadas por los respectivos pensamientos que las alimentan, son factores de infelicidad y, por ende, aparecen como fracasos del uso de la inteligencia para resolver satisfactoriamente la demanda que se genera por las pulsaciones de los deseos.

¿Por qué el apego reduce la inteligencia humana? Porque disminuye significativamente lo que se llama amplitud de conciencia, o presencia extensiva de la atención, con lo cual los factores y elementos que intervienen en el proceso de las acciones se ven minimizadas; por eso el apego, dice el Dalai Lama, es una emoción sesgada, parcial y fragmentada en la observación de un objeto o fenómeno.[166]

En efecto, las emociones más destructivas en las sociedades humanas son el apego y la ira u odio que hacen daño no sólo a la persona que los genera, sino a los demás. Desde un principio la mente humana se ve agitada sin encontrar calma y paz.[167] Debe comprenderse que cada perturbación y aflicción nacen en una determinada situación social en que se ve envuelta la persona; así, el miedo aparece cuando existe una amenaza de daño;[168] en cambio, la ira y la cólera na-

---

165 *Ibídem*, p. 37.

166 *El arte de la compasión*, 2002, p. 26.

167 *Ibídem*, p. 76.

168 *Emociones destructivas*, 2004, p. 98.

cen cuando se responde a esa amenaza de manera destructiva. Así, la falta de inteligencia se hace evidente al establecerse una considerable distancia entre la apariencia de los objetos y la realidad. En ese espacio de desencuentro los errores se recrean y reproducen en el ciclo de problemas y dificultades que caracterizan el samsara.

Este desencuentro se hace manifiesto en el análisis del apego o del deseo obsesivo. La visión errónea aparece porque en este estado emocional perturbado la persona no puede advertir la cualidad relativamente agradable y desagradable de otra persona, objeto o fenómeno; arrasada por una fuerza incontrolable, sólo se abocará a exagerar los factores atractivos y, en consecuencia, reforzará su visión fragmentada y sesgada del objeto deseado. La aversión, por su parte, funciona exactamente al revés.[169]

Las perturbaciones mentales y las aflicciones emocionales pueden ser de dos tipos: las adquiridas por la cultura y por las malas experiencias vitales al realizar acciones no virtuosas; y las innatas, que pertenecen al campo de las reacciones biológicas y cerebrales de la evolución humana. Esta distinción es muy importante porque erróneamente se cree que las emociones culturales son naturales, innatas al ser humano; confundir lo subjetivo con factores objetivos de una realidad genera los desperfectos más significativos de las mentes atrofiadas por emociones negativas.[170] En el cuarto capítulo analizaremos detalladamente este proceso de ilusión y engaños.

Para la psicología moderna, toda emoción deberá expresarse porque así se logra descargar ciertas energías que de

[169] *Ibídem*, p. 113.

[170] *Ibídem*, p. 136.

otra manera sólo serían causa de angustias y frustraciones; de ahí que en algunas terapias se aprovechan el odio y el coraje para canalizar esas emociones. Ahora bien, el budismo no está de acuerdo con estas soluciones terapéuticas, ya que aspira, como lo enfatiza el Dalai Lama, a "erradicar todas las aflicciones mentales para que nunca más vuelvan a presentarse. Desde esta perspectiva, las emociones negativas nunca son apropiadas y algunas de ellas son una auténtica enfermedad".[171]

Con objeto de superar este tipo de emociones se requiere saber cuándo la mente está procesando una ilusión o un engaño, y cuándo no. La capacidad de discernimiento sólo se logra cuando la mente comprende la verdadera naturaleza de los pensamientos y las emociones. De esta manera, se puede discriminar entre estados negativos, que producen sufrimiento, y estados positivos, que conducen a la felicidad. En términos de la doctrina budista, a este análisis se le conoce como la "comprensión verdadera de la naturaleza de la vacuidad",[172] ya expuesta al final del segundo capítulo.

La idea estriba en que no hay posibilidad de que un estado mental negativo se dé al mismo tiempo que uno positivo. La paz interna, la ausencia de odio, de codicia y otros estados negativos se logran desterrando de la mente el apego, la aversión y los errores de la inteligencia humana, en suma, la ignorancia.

Los hábitos de pensamiento y los patrones mentales de respuesta automática a las circunstancias hacen que la mayoría de las personas estén más familiarizadas con las emociones y las acciones negativas; la virtud surge esporádicamen-

---

[171] *Ibídem*, p. 432.

[172] *Con el corazón abierto*, 2003, p. 75.

te y más como una excepción que como una regla. Por eso, con base en los hábitos mentales "no tenemos que hacer ningún esfuerzo para que surjan emociones negativas, mientras que es muy difícil que surjan pensamientos virtuosos".[173] Las sensaciones y las percepciones que la mente tiene de la realidad tienden a estar imbuidas de creencias engañosas, prejuicios e ideas muy personalizadas; de ahí que pocas veces se reacciona de manera sensata y ecuánime a las condiciones y circunstancias cotidianas.[174]

Las perturbaciones mentales y las aflicciones emocionales constituyen el ámbito del apego, la aversión y la ignorancia. Hacen que la vida sea un ciclo constante de insatisfacción y sufrimiento, de dukha, porque casi nada se da conforme a los requerimientos que demandan los estados mentales (sensaciones, percepciones y volición)[175] respecto a las circunstancias que se viven y a la manera de ser de las demás personas con las que se convive.

Por lo tanto hay que comprender que el ciclo samsárico tiene su origen en los pésimos razonamientos mentales, en errores de percepción, en el deplorable uso que le damos a las experiencias del pasado y a las probabilidades del futuro, y sobre todo debido a que estamos convencidos de que existe un yo que arrastra todos los factores humanos de una persona.

---

[173] *El camino del gozo*, 2001, p. 93.

[174] *El arte de la felicidad*, 2000, p. 106.

[175] Que son parte de los agregados de todo ser humano; los otros dos son cuerpo y conciencia. En pali y sánscrito son llamados *khandhas*.

4

La ilusión y los engaños: la vida en el ciclo de dukha

Vemos todo mal porque así lo determina el ego

La mente es una entidad energética muy complicada; sus funciones se derivan de una constante movilización de neuronas, redes de impresiones, recuerdos y sueños. El cerebro constituye la base material temporal de la mente.

Los temas que se exponen en el presente capítulo tienen la finalidad de puntualizar las implicaciones para la vida diaria; entre ellos destacan la intervención del ego (la creencia de que el yo es más importante y estimable que los demás); el que se refiere a cómo las perturbaciones y las aflicciones hacen que los reflejos de la realidad lleguen distorsionados a la mente; veremos cómo bajo esas distorsiones las personas responden con actitudes habituales y modelos de comportamiento previamente aprendidos de diversas circunstancias y situaciones, con base a los apegos, aversión e ignorancia. Muchas de estas respuestas se realizan de forma automática y mecánica. Es importante resaltar la lógica comparativa que ejerce la mente para evaluar el presente con base en los recuerdos y en las prospectivas. Por lo general, la mente no iluminada se resiste a admitir los hechos inobjetables de la vida, por lo cual se encuentra en un estado de emergencia permanente y en consecuencia sufre frustración, ansiedad, cólera, ira y miedo.

Las conciencias que se resisten a aceptar el flujo del presente, y por lo tanto tienen una percepción distorsionada de la realidad objetiva, tienden a generar una tormenta o lluvia de pensamientos. Pero también hay conciencias que cuando aparece otro tipo de pensamientos[176] pueden generar calma y paz. De ahí que se debe diferenciar entre estos dos tipos de conciencia.[177] Aunque ésta es por naturaleza luz clara, resulta sumamente susceptible al cambio.

Los estados negativos de la mente tienen dos particularidades: siempre inciden agresivamente en el bienestar mental y material de las personas y surgen como una respuesta, a veces inaudita, de las personas que defienden sus intereses egoístas y deseos obsesivos.[178] La hostilidad predomina en esta lucha por imponer los intereses y los deseos frente a los otros y hace a las personas inseguras, recelosas, lo que las lleva a reproducir y justificar sus estados negativos. Por eso, cuando las personas ven la realidad desde el punto de vista de su ego, ésta se distorsiona y tergiversa frente a las pasiones y los deseos neuróticos.

---

[176] De hecho, se puede decir que los pensamientos son los insumos básicos de un tipo u otro de conciencia: buenos pensamientos producen conciencia tranquila, serena; malos pensamientos conducen a conciencias erróneas intranquilas, en suma, a mentes de sufrimiento. Además de los pensamientos, la mente alberga otros factores como lo son las sensaciones, emociones, sentimientos y la llamada experiencia directa que se conecta con la realidad sin concepto alguno.

[177] *El camino del gozo*, 2001, p. 12.

[178] El arte de la felicidad, 2000, p. 45.

Entonces, "Las emociones negativas como el odio, el enojo y el deseo son nuestros enemigos reales que perturban y destruyen nuestra felicidad mental y producen trastornos en la sociedad".[179] Como se estableció en el primer capítulo, el anhelo de todo ser animado, sintiente, consiste en lograr un estado de felicidad estable y duradera para dejar de sufrir. Pero si se parte, como suele suceder, de anteponer los intereses propios por medio del aferramiento neurótico al yo, los resultados serán contrarios a los esperados. Al creer que satisfaciendo los deseos del yo se logra la felicidad, simplemente se hace crecer el ego y se perpetúa esta conducta individualista, lo que resulta totalmente contraproducente desde la lógica de la sabiduría y de la compasión.

Si se filtran todas las imágenes, sensaciones y descripciones de la realidad a través del yo, es decir, si se cree que ese yo es lo más importante, entonces se suscita un apego a la naturaleza engañosa que se visualiza como una entidad independiente y objetiva.[180] Estimar exageradamente a ese yo, y enganchar la existencia al aferramiento propio, indica la creencia en una verdad que en realidad no existe, pues todo demuestra que se trata de un fenómeno ilusorio, dado que ese yo supuestamente inmutable, concreto y perenne no resiste el análisis lógico y por ende no se encuentra en ningún lugar. Sin embargo, no deja de ser el factor de mayor inestabilidad de la conciencia ilusoria, pues impulsa todas las fuerzas por sus constantes demandas y solicitudes para que la realidad sea más agradable, confiable y segura.

Cuando el yo genera apego a una determinada persona, cosa, lugar o situación, en el fondo les atribuye característi-

---

[179] *La política de la bondad*, 2001, p. 105.

[180] *Transforma tu mente*, 2001, p. 151.

cas que pretenden ser objetivas: se parte de la idea de que esas cualidades se encuentran realmente en los fenómenos y que están *fuera* de la mente.[181] Así cuando se les atribuye, bajo la lupa del yo emocional, las características y cualidades a las personas, cosas, lugares o situaciones, la experiencia resulta sólo una proyección de la mente; cualidades buenas y positivas emergen si son fenómenos deseables; cualidades malas y negativas surgen cuando no son deseables.

Aquello que creemos saber es casi siempre resultado de juicios y criterios sumarios del yo respecto al mundo que lo rodea; por eso el Dalai Lama suele llamar la atención, como un principio original de la doctrina budista, sobre el hecho de que la realidad aparece de forma ilusoria en las mentes contaminadas de perturbaciones mentales y aflicciones emocionales. Quizás este mecanismo habitual de confundir la realidad con la ilusión mental provenga de una larga historia de ignorancia, confusión, conflictos y guerras en la medida en que la protección natural y biológica de los cuerpos sociales se trasmutó en una defensa de intereses y deseos de posesión de unos cuantos. Los objetos se perciben como entidades en sí mimas y que se bastan a sí mismas.[182]

Así pues, la ilusión de un "yo permanente y supremo" esconde un peligro pues todo lo convierte en elemento de uso, de consumo o de satisfacción a sus demandas. La idea fundamental que sustenta esta postura ególatra se expresa en las frases "yo quiero esto", "yo quiero aquello", lo que conduce irremediablemente a un exceso de egoísmo y por ende a una serie de acciones perversas incontrolables que suelen hacer daño o que generan situaciones conflictivas.

---

[181] *Las cuatro nobles verdades*, 2002, p. 94.

[182] *Introducción al budismo tibetano*, 2004, p. 79.

El potencial destructivo del ego está en proporción directa de la fuerza que ejerza el apego (cuando se quiere algo obsesivamente) o la aversión (cuando neuróticamente no se desea algo). Estas actitudes se asientan en una posición existencial que aprecia el propio bienestar mientras se permanece insensible al bienestar del prójimo.[183] Ésta es la actitud que mejor define el egocentrismo, que se encuentra en la ira, el odio y en todos los estados mentales contaminados de los deseos e intereses del individualismo exacerbado frente a las necesidades de los demás.

Las razones del ego tienden a ser sumamente irracionales porque asume una actitud que conlleva una percepción errónea de las situaciones reales y objetivas; esta percepción errónea, que subasume las cualidades de la realidad a los deseos del yo, propicia sufrimiento y estados de insatisfacción. El error básico del ego se encuentra en que pierde de vista que la existencia y subsistencia de las personas dependen de la cooperación y el apoyo de otros. En este sentido, la lógica del altruismo señala, por un lado, que cuando nos dedicamos al bienestar de los demás, obtenemos más beneficio para nosotros mismos, y por otro, cuando más egocéntricos permanezcamos, más soledad y sentimientos de desgracia experimentamos.[184]

En realidad, una persona existe gracias a los demás, y nunca por sus cualidades propias. Una persona aislada, sin relaciones sociales, carente de apoyo, cooperación y comunicación no existe como tal. El yo no resulta de las cualidades inherentes y autónomas de las personas, sino que se trata de una construcción social e histórica, de una resonancia de los

---

[183] *Con el corazón abierto*, 2003, p. 36.

[184] *Ibídem*, p. 85.

demás. El ego es una creación mental,[185] que se toma como un objeto real, cuando no lo es, permanente cuando es impermanente, y total cuando es el resultado parcial de una suma cualitativa de agregados, experiencias y conocimientos. En este sentido, se puede decir que cuando las personas observan la realidad a través de los filtros del ego, crean toda una serie de problemas derivados del desajuste entre el reflejo mental y la dinámica objetiva de la realidad.[186]

El despliegue desbocado del ego crea las causas y las condiciones para producir emociones humanas sin control, y la base para que aparezcan las calamidades personales y sociales.

La percepción egocéntrica, que interpreta los sucesos de la existencia en función de si responden o no a las creencias y deseos del yo, surge por el apego y la estimación propia. Esta actitud parte de que se da por hecho la existencia de un yo inherente, independiente del cuerpo, de la mente y de los demás. Como dice el Dalai Lama, puede pensarse, a manera de analogía, en un amo capaz de dominar la mente y el cuerpo de una persona, que se presente como una misteriosa e interna entidad independiente, y "que da la impresión de existir de forma sólida y material. Todas las emociones negativas, como el deseo y la aversión, surgen como base de esa concepción errónea".[187] El mundo del samsara tiene su columna central en el egocentrismo que desarrollan cotidianamente los seres humanos.

Para el sistema doctrinario budista, los problemas, dificultades y conflictos entre las personas se establecen por la

---

[185] *Pacificar la mente*, 2000, p. 29.

[186] *Compasión y no violencia*, 2001, p. 64.

[187] *El camino del gozo*, 2001, p. 186.

ansiedad y pasión por satisfacer necesidades relacionadas con bienes sociales y materiales, considerados eternos y concretos. El ansia de posesión convierte a las personas en seres agresivos y fomenta una actitud que define muchas acciones mentales, verbales y físicas;[188] en suma, puede definirse como la raíz de la violencia y de las guerras.

Las emociones aflictivas que se originan en la ilusión de que en la vida se tiene que satisfacer las demandas, a veces inauditas, que surgen del ego, provoca que las personas inviertan todas sus energías materiales, financieras y espirituales en responder a corto plazo a dichas demandas del yo; una percepción del mundo de esa naturaleza, donde éste sólo tiene validez y sentido si se subordina a los caprichos del ego, constituye una fábrica de producción masiva de aflicciones emocionales, porque resulta imposible satisfacer todas las demandas de tipo patrimonial, sexual, cultural y hasta de estatus del ego.

La estimación propia y el apego al yo, como un derivado del funcionamiento mental de la figura subjetiva del ego, tiene mucho que ver en la psicología occidental con el concepto de "autoestima" que se contrapone a la compasión por los demás. Así definida la autoestima se puede decir que es la base "teórica" del egoísmo pues "concede una prioridad absoluta" al bienestar de uno mismo, oponiéndose a las necesidades de los demás.[189]

Cuando las personas se encuentran avasalladas por las sensaciones y pensamientos ensimismados de su yo, de su ego, entonces en su conciencia se instala un raro sentimiento de que algo no está bien, de que las cosas andan mal y de

---

[188] Conversaciones con el Dalai Lama, 2005, p. 125.

[189] *Ibídem*, p. 97.

que el mundo se encuentre dislocado.[190] Se genera la sensación de que se necesita más y más para estar bien; este tipo de sentimiento automáticamente provoca desconfianza, lo que a su vez trae como consecuencia más ansiedad e inquietud, estados a los que supuestamente habrá que responder con el ensimismamiento o la autoestima obsesiva: el estar pensando constantemente en uno mismo para sentirse bien y lograr los objetivos de la vida, sólo socava la tranquilidad y la satisfacción verdadera.[191]

Por tanto, las emociones aflictivas surgen de los conceptos mentales inadecuados, de una aspiración mental inapropiada al considerar al yo ego como lo más importante del mundo para lograr la felicidad. Las razones del ego pocas veces coinciden con la lógica de la realidad.[192] La mente egoísta concibe la idea de que los objetos y fenómenos existen realmente por sí mismos, y que por ello resultan realizables el apego y la aversión.

El mismo Dalai Lama advierte que creer que las cosas tienen existencia inherente, sólida e independiente es una ilusión que se contrapone a la verdad de que la supervivencia de las personas depende totalmente de los demás,[193] de que no existe un "ser" sino sujetos en el devenir, interdependientes, frágiles en mente y cuerpo. No es de extrañar que frente a esta verdad, el ego se aferre a su obsesión de "ser singular y único," y a establecer toda una mecánica de ignorancia y miedo frente a la impermanencia, la insatisfacción y la va-

---

[190] *Compasión y no violencia*, 2001, p. 108.

[191] El autor tiene un libro sobre el tema. *Abandona tu Yo: las falacias de la superación personal,* editorial ABK, México, 2008.

[192] *Consejos espirituales*, 2002, p. 134.

[193] *Mundos en armonía*, 2001, p. 36.

cuidad. Las ilusiones de las percepciones oscurecen estos tres hechos característicos de la existencia humana.

La ilusión en las percepciones: el error metodológico

La mecánica de las ilusiones mentales estriba en confundir la manera en que aparecen los fenómenos con el modo en que son en realidad: apariencia y modo real se conciben como lo mismo. Por eso, el budismo afirma que las perturbaciones y aflicciones derivan de una percepción incorrecta de la realidad; de hecho, constituyen un problema metodológico. Si no hubiese disparidad entre lo aparente de las cosas y su modo real de existir, habría que imaginar que el mundo se reflejaría de manera exacta en la mente de las personas; esto es, no cabría ninguna posibilidad de confusión y mal entendido entre la mente de espejo y el objeto reflejado.[194] Si así fuese, los seres humanos serían sabios desde su nacimiento, y conocerían a fondo los elementos y las características del universo.

Como dice el Dalai Lama, "Es evidente que transformar una cosa en lo que no es, es engañar al mundo. Es una mentira".[195]

Mediante la fórmula de la designación conceptual, subjetiva, la ignorancia le otorga una existencia absoluta al objeto o fenómeno nombrado. Por error se adjudica una existencia intrínseca; ésta es la ignorancia primordial, señala el Dalai Lama.[196] En otras palabras, creemos que el concepto mental, la imputación y nominación de objetos y fenóme-

[194] *Pacificar la mente*, 2000, p. 32.

[195] *Ibídem.*

[196] *Ibídem*, p. 64.

nos tienen vida propia, que existen por sí mismos, de manera definitiva, palpable y sólida.

Así, una conciencia ignorante de cómo son las cosas en realidad, tiende a construir percepciones sumarias sobre el mundo. Toda ilusión implica una percepción errónea, un equívoco metodológico trascendental, pues hace posible el mundo de malestar, de ansiedades y frustraciones, en suma, del samsara.[197] Este error metodológico de visón e interpretación también contribuye decisivamente a la agitación mental, que bloquea la relación productiva que los individuos pueden tener en el logro de la paz.

La percepción es un elemento sustancial de las funciones mentales; después de las formas materiales y las sensaciones, constituye la articulación de pensamientos originales, que permite hacer un reconocimiento primario de las causas y condiciones que conforman los hechos de la vida. La percepción también puede definirse como la calidad y la cantidad de acciones de respuesta frente a las muy diversas circunstancias que se viven[198] De la percepción a la acción, sin embargo, existe una pausa intermedia, que se podría denominar, en unos casos, "espacio vacío", y en otros, estados de reflexión interna. No existe una correspondencia directa entre percepción y acción; gracias a esta pauta intermedia se pueden reformular las acciones antes de que impacten a los objetos y fenómenos.

Las emociones, en este contexto, se pueden definir como el resultado de pensamientos que tienen dos características: son intensos y monótonos, es decir, se repiten muchas veces en poco tiempo. Pero he aquí que los pensamientos resultan

---

[197] *Samsara*, 2002, p. 117.

[198] *Emociones destructivas*, 2004, p. 399.

de las percepciones que se han tenido, se tienen y se tendrán sobre los más variados sucesos existenciales.

Por tanto, una percepción errónea indiscutiblemente tendrá como resultado una perturbación y aflicción mental, lo cual redundará en una emoción negativa, empezando por el apego y la aversión; éstas, a su vez, se constituirán en obstáculos, a veces sutiles, otros muy burdos, para poder conocer correctamente las causas y las condiciones de los objetos y fenómenos.[199] La repetición de las percepciones erróneas, con su cúmulo de pensamientos y emociones, conforman una motivación para que la gente reaccione de una u otra manera. Esta predisposición constituye lo que se llama estado mental; la recurrencia cotidiana a un estado mental determinado construye el perfil de un carácter psicológico y, por último, la reproducción de ese carácter en el tiempo conforma la personalidad de los sujetos. He aquí la importancia estratégica de las percepciones; son el principio de la cadena puramente humana de la mente que se inicia con el nombre, que deviene en una cierta percepción. Después se forman las ideas; un conjunto de ideas crea el pensamiento; un grupo sólido de pensamientos forma una creencia; a su vez, un conjunto de creencias produce un hábito mental; y la conjugación de hábitos un patrón mental.

Comúnmente la realidad se percibe a través del prisma clasificatorio de ubicar a las personas como amigos, enemigos o desconocidos. Sobre cada una de estas categorías se tiene una actitud totalmente diferente: deseo para los primeros, odio para los segundos e indiferencia para los terceros.[200] Cuando en la mente se presenta esta perspectiva re-

---

[199] *Transforma tu mente*, 2001, p. 68

[200] *Un acercamiento a la mente lúcida*, 1994, pp. 39-40.

sulta casi imposible observar con ecuanimidad y objetividad las cualidades, tanto positivas como negativas, de las personas, con lo cual se reproduce una personalidad ilusoria dentro de la mente: una percepción equivocada de las cosas.

Las percepciones humanas, tanto las negativas, que parten de un error metodológico, como las positivas, que no imputan consideraciones subjetivas, individuales, del yo sobre los objetos y fenómenos, se generan a partir de causas y condiciones.[201] Dependen de la experiencia y también del tipo de educación, familiar y cultural, que se haya tenido en el pasado.

El error metodológico de considerar cotidianamente, en la experiencia directa, lo impermanente como permanente y lo inconsistente como sólido, es la base de las ilusiones. Obviamente que las personas, los objetos, los hechos y las circunstancias existen como tales; pero con una percepción inadecuada, aparecen en la mente con existencia propia por el nombre y por la terminología, como si tuvieran autoexistencia, dice el Dalai Lama. En la mente contaminada aparecen, desde el primer contacto sensitivo y de percepción, como si no dependieran de una conceptualización compleja, dado que las formas existen debido a la reunión de sus partes, de sus agregados.[202]

Se ha insistido en que las emociones negativas se instauran en la ignorancia; que una conciencia percibe erróneamente la naturaleza de los objetos como si fueran independientes y definitivos. A toda emoción negativa la antecede evidentemente una percepción errónea, pues se designa con cualidades negativas al objeto, lo que a su vez justifica la

---

[201] *Ibídem*, p. 132.

[202] *Ibídem*, p. 131.

reacción emocional destructiva hacia él. Mientras exista esa emoción negativa, el objeto (persona, hecho, situación o lugar) se seguirá considerando perjudicial, dada la aversión.[203] Por eso, cuando la emoción negativa tiende a disminuir, también lo hace en la misma medida la percepción; ésta puede cambiar tanto, que de un momento a otro un objeto considerado de odio y aversión, puede asumir consideraciones de amor y cariño.

La mente equivocada se sustenta en percepciones erróneas y por ello crea imágenes que ocultan la realidad pues construye ilusiones como considerar al yo como algo existente, o los objetos y fenómenos independientes de las leyes de causa y efecto y de las leyes de la interdependencia. En realidad, las personas, el entorno y todo lo viviente dependen para su existencia de la ayuda y apoyo de los demás. La ilusión mental, que no es más una percepción errónea, hace que uno no se dé cuenta de la ayuda y apoyo que recibe de los demás, a veces de manera completamente anónima, para poder subsistir;[204] ello porque no se presta atención a las leyes de causa y efecto y de la interdependencia.

Las personas egoístas, que no se preocupan por las necesidades y la felicidad de los demás, tienden a vivir constantemente las ilusiones de su percepción, pues su condición de favorecer sólo sus intereses propios frente a los demás, hace que todo elemento externo que obstruya esa finalidad se convierta en objeto de aversión y odio. Esta actitud determina que su mente esté perturbada, lo que propicia que de nuevo cometan más errores de percepción, en tanto que no entienden que buenas causas conducen a buenos efectos, y

---

[203] *Compasión y no violencia*, 2001, p. 56.

[204] *Ibídem*, p. 86

que, al contrario, causas no constructivas obtienen resultados negativos.

En la vida mundana, regular, se tiende a proyectar sobre las personas, eventos y cosas la existencia independiente y permanente. Se siente, se percibe y se piensa que todas las cosas van a durar para siempre. Es por ello que visualizar la interdependencia de las partes con el todo y del todo con las partes cuesta mucho trabajo. Así, en la doctrina budista, cuando se habla de ilusión, se plantea el error de creer que las cosas existen por sí mismas, "que su apariencia de existir independientemente es ilusoria. Esto es lo que significa ilusión, y no algo que no esté realmente allí".[205]

Entre mayores proyecciones erróneas tengamos en la mente, mayor es la disparidad entre la manera en que percibimos las cosas y el modo en que realmente son. Ésta es la base de la desilusión, pues una vez que por una u otra causa la ilusión se disipa, la mente toma conciencia de que ha sido engañada.[206] Una mala interpretación de la realidad hace que las personas queden sujetas al odio y a la ira en la medida en que esa realidad se les va de las manos, no es como quieren que sea. La activación de las emociones negativas implica procesos que se inician en uno de los seis sentidos. La sensación inicial está despojada de todo concepto o cognición; más tarde, a veces en cuestión de segundos, brota de la mente de experiencias y karma un pensamiento que etiqueta el objeto percibido.[207] Por tanto, hay primero una sensación no conceptual, y después viene la imputación nominal, todo ello dependiendo de los hábitos mentales que las

---

[205] *Mundos en armonía*, 2001, p. 42.

[206] *El poder de la compasión*, 2001, p. 75.

[207] *Emociones destructivas*, 2004, p. 401.

personas tienen según su educación, experiencias y proyecciones mentales.

En general las percepciones tienden a ser erróneas porque con el tiempo la mente se ha acostumbrado a los objetos y fenómenos utilizando patrones mentales de reacción y hábitos de pensamiento que se manifiestan en el carácter emocional y en la personalidad social.[208] Las percepciones actuales dependen de las anteriores; más tarde vienen los juicios, que se organizan en función de los sentimientos positivos, negativos o neutros que acompañan al juicio inicial.[209] Por tanto, el Dalai Lama afirma que no es culpa de las circunstancias externas que se tengan perturbaciones y aflicciones, ya que la cualidad de las relaciones con el mundo exterior está determinada por las proyecciones mismas.[210]

La mecánica de las proyecciones ya ha sido descrita detalladamente, pero vale la pena insistir en lo siguiente: cuando se percibe en las personas y cosas determinadas cualidades deseables, más temprano que tarde se tiende a exagerarlas, sobredimensionarlas. Como las personas se deleitan con esas cualidades ilusorias, se desarrolla un proceso de creciente aferramiento y ansiedad.

Ahora bien, cuando en las personas y cosas se perciben determinadas cualidades no deseados, que son objeto de rechazo y aversión, entonces se proyectan características negativas, que se distancian de la realidad objetiva, por lo cual se procura repeler y alejar de aquellos objetos de proyección negativa.[211] En este último caso, las percepciones erróneas

---

[208] *Ibídem*, p. 402.

[209] *Ibídem*, p. 403.

[210] *Conversaciones con el Dalai Lama*, 2005, p. 173.

[211] *Transforma tu mente*, 2001, p. 42.

de la mente forman la base de los estados perturbados y afligidos o kleshas.

De acuerdo con el Dalai Lama, kleshas significa literalmente "aquello que aflige desde dentro" y muy a menudo se traduce también como ilusiones. Para el budismo, una percepción incorrecta da origen a un estado mental negativo, así como a un plano cognitivo que tiende a destruir la calma, pues es la fuerza energética que produce los movimientos desordenados y maniáticos de los pensamientos.[212]

El Buda enseñó por alrededor de 45 años que la causa de los sufrimientos era la turbulencia descontrolada de los pensamientos; la mente es el espacio donde surgen y desaparecen. Como las olas en un huracán, las sensaciones, las percepciones y los pensamientos son manifestaciones de la mente.[213] Este descontrol proviene de las creencias erróneas de la realidad de las cosas.

Pero como se vio ampliamente en el tercer capítulo, las ilusiones no residen en la naturaleza primaria de la mente, sino que son, como se dice en el lenguaje budista, adventicias, endógenas, y por lo tanto existe la posibilidad de que sean eliminadas. En la medida en que una persona se desprende de las ilusiones, de la visión errónea de las percepciones, en esa misma medida las causas del sufrimiento, de dukha, empiezan a disminuir, y se reduce el tamaño del samsara, de la pesadilla de vivir con problemas y conflictos que son una síntesis del casi eterno enfrentamiento entre los deseos y la realidad. El dharma, las enseñanzas del Buda, procuran conducir a los individuos por caminos metodológicos que liberen a la mente de las ilusiones, de las percep-

---

[212] *El arte de la felicidad*, 2000, p. 200.

[213] *El poder de la compasión*, 1999, p. 32.

ciones erróneas, y eso se hace por medio de la sabiduría y la compasión.

La incapacidad para comprender la naturaleza de las cosas de la vida se traduce en confusión, angustia y frustración; éstas se robustecen por la percepción errónea de un yo que ni siquiera existe. Por lo tanto, una vez que corregimos la percepción errónea de las cosas y del yo, el sufrimiento no vuelve a generar molestias.[214] En este contexto el tiempo juega un papel muy importante en el campo dinámico del samsara, a través de la producción masiva de dukha, es decir, de estados mentales caracterizados por la desalineación entre pensamientos y realidades.

Los engaños de la esperanza: pasado y futuro

Cuando pasamos por una experiencia de sufrimiento, tratamos de contrarrestarla proyectándonos hacia el futuro ("todo será mejor") o hacia el pasado ("todo era mejor"). El tiempo, que frecuentemente funciona más como elemento psicológico que cronológico, es un factor importante en el ciclo de reproducción de las causas y condiciones del samsara. Veamos brevemente algunas cuestiones al respecto.

El pasado interviene en las experiencias del presente porque de cierta manera se expresa lo que se sabe, lo que se ha vivido y sus resultados. A toda acción corresponde una reacción. No es de extrañar que las personas perturbadas y afligidas tiendan, en la mayoría de los casos, a idealizar el pasado, exagerando la intensidad de los estados de placer y felicidad en ciertas circunstancias y los recuerdos orientados por el apego y el aferramiento a personas y cosas. En cam-

---

[214] *El arte de la compasión*, 2002, p. 70.

bio, cuando las experiencias vividas han sido de aversión y rechazo en los recuerdos se elimina mucha información. De ahí que el recuerdo del pasado es una ilusión en la medida en que el apego exalta cualidades positivas y la aversión exagera cualidades negativas de hechos ya sucedidos, sobredimensionando los primeros y minimizando los segundos. Cuando la mente se reubica en el pasado, no es de extrañar que la tristeza sea el estado emocional dominante

Cuando en el presente una persona tiende a entristecerse y a recordar de manera deprimente el pasado, entonces procede inversamente a lo descrito en el párrafo anterior. Así, el pasado considerado en el presente se vuelve un proceso de abstracción que sirve como combustible para las emociones negativas. El pasado se convierte en un factor sumamente destructivo de las experiencias del presente cuando los deseos no se llevan a cabo como se había planeando. Esto no quiere decir que no hay que considerar el pasado como un factor en la toma de decisiones para el presente, pero cuando el pasado viene acompañado de apego o aversión, entonces interrumpe el flujo natural de las cosas.

La concepción del tiempo futuro sigue el mecanismo ya descrito. La huida de la mente hacia adelante está en función de anular el presente imponiendo imágenes sugestivas que aún no tienen referencia real. Cuando la imagen proyectada hacia el futuro resulta agradable[215] y deseable, se establece una mente de apego y aferramiento; pero en cambio, si las imágenes proyectadas hacia el futuro son de aversión, miedo o rechazo, se generan sentimientos desagradables en torno a ese futuro esperado. La ansiedad es el estado emocional re-

215 *Conversaciones con el Dalai Lama*, 2005, pp. 160-161.

sultado de las proyecciones erradas de la mente hacia el futuro.

Recuérdese que una de las principales causas de experimentar sufrimiento procede de la innata tendencia de los seres humanos a no someterse a la ley de la transitoriedad y, en general, a los tres sellos de la realidad. En pocas palabras, la manera más eficiente que encuentra la mente para no enfrentar las experiencias del presente es "distraerse" (por no decir, perderse) tanto en las remembranzas del pasado como en las proyecciones del futuro. Este modo de operar de la mente y de manipular los pensamientos y las experiencias de hoy, que es inseguro y frágil, hace que los individuos intenten aferrarse al pasado o al futuro; por eso la doctrina budista considera que la nostalgia por el pasado y las preocupaciones por el futuro, la tristeza y la ansiedad, respectivamente, en el fondo son ilusiones del yo por encontrar un refugio mental a sus perturbaciones.

Cuando los recuerdos y las expectativas anulan la experiencia sensible del momento presente, contribuyen a la inestabilidad, generando estados emocionales insanos, perjudiciales a la estabilidad y profundidad de la conciencia. Cuando además de la dispersión mental que producen los recuerdos o las esperanzas se hacen presentes estados de ira, cólera, venganza y demás estados emocionales negativos,[216] entonces la mente entra en un proceso de desquiciamiento vicioso, que la incapacita para vivir el presente como un *ahora*, como lo único que verdaderamente se puede experimentar como real.[217]

---

16 *El mundo del budismo tibetano*, 1998, p. 80.

217 Vea el libro *Aprender a vivir en paz contigo mismo y con los demás*, de Kalama Sadak. Editorial Pax México, México, 2011. En esta obra se reali-

Ignorar la dinámica de los tiempos mentales equivale a ignorar las causas de las emociones sin control que giran alrededor del pasado y del futuro. En este sentido, conviene comprender que los apegos y aversiones que se presentan tanto en los recuerdos como en las esperanzas, pueden tornarse en una verdadera pesadilla para las personas.

En muchas de sus enseñanzas el Dalai Lama habla de que una manera inteligente de reducir el sufrimiento consiste en aceptar los cambios:

> *A menudo nos causamos sufrimiento al negarnos a renunciar al pasado. Si definimos nuestra imagen por el aspecto que teníamos o por lo que solíamos hacer y no podemos hacer ahora, es muy probable que nos sintamos más infelices a medida que envejecemos. En ocasiones, cuanto más tratamos de aferrarnos a algo, tanto más grotesca y distorsionada se hace la vida.*[218]

De ahí que la aceptación de la inevitabilidad de la impermanencia como un principio general de vida, ayuda a afrontar los problemas; a que las personas asuman un papel más activo en sus experiencias vitales: comprender el cambio reduce significativamente la ansiedad hacia el futuro, sobre todo el miedo a la muerte o a las enfermedades.

Dado que es común que los pensamientos caigan como una cascada sin control sobre la mente, da la impresión de que ésta se encuentra sitiada por los recuerdos o por las esperanzas; estos dos tiempos son los que "estiran" las ideas, sensaciones y emociones hacia atrás o hacia delante del pun-

---

za todo un análisis sobre el tema de vivir el presente por medio de la Atención Plena.

[218] *El arte de la felicidad*, 2000, p. 145.

to de referencia, que es el presente. Las perturbaciones mentales y las aflicciones emocionales surgen en la medida en que los pensamientos no están enraizados en el presente, en el momento actual: pasado y futuro son factores desestabilizadores. Cuando la mente mira hacia el interior y se queda estacionada en el momento actual, se calma, y entonces las perturbaciones y las aflicciones desaparecen. Aquí los pensamientos son claros y transparentes.

Para detectar la dinámica desordenada de los pensamientos y, por ende, detener la producción intensiva de estados emocionales negativos, el budismo ha desarrollado durante cientos de años diversas técnicas de meditación que ayudan no sólo a la estabilización mental (samadhi) sino también a comprender los estados mentales (vipassana).[219] La técnica meditativa por excelencia, llamada "atención plena", permite la clara comprensión de lo que son verdaderamente las sensaciones, percepciones y los pensamientos.[220]

También los engaños que producen en la mente los recuerdos, abastecidos por el pasado, y las esperanzas, alimentadas por el futuro, pueden comprenderse como un mecanismo humano cuando no se desea experimentar el sufrimiento de los hechos inevitables como la enfermedad, la vejez y la muerte. Los sufrimientos pasados ya ocurrieron y los que vendrán no son todavía una realidad; vivir el presente se convierte entonces en la clave para impedir dejarse arrastrar por los tiempos de apego o de aversión. Queda sólo, como lo señala el Dalai Lama, "evitar que esa clase de sufrimiento se

---

[219] *El ojo de la sabiduría*, 2001, p. 87.

[220] En el anexo VII se recomiendan dos meditaciones muy sugerentes y tradicionales en la práctica de la concentración mental y en la generación de estados mentales positivos.

repita en el presente y futuro".[221] Así, la doctrina budista concibe el pasado como un estado psicológico temporal muy importante, pues es ahí donde los hábitos mentales y los patrones de pensamiento se han cultivado: aparecen como mecanismos predefinidos de cómo reaccionar y cómo responder a las circunstancias de la vida.

La fuente de muchos de los estados emocionales negativos la constituye el pasado, que se impone en las experiencias del presente. Entonces, éste aparece como un derivado del pasado, es decir, como resultado de las acciones mentales, verbales y corporales hechas bajo el manto de la ignorancia, del apego y del odio.

Cuando las personas se dejan llevar por los hábitos y patrones mentales de respuesta automática, se ven dominadas por una serie de pautas predeterminadas de reacciones que carecen de luz y conciencia, de bondad y sabiduría. Por eso, para el Dalai Lama, eliminar los hábitos y patrones mentales sustentados en las emociones negativas hace surgir estados mentales felices y pacíficos.[222]

Además, cuando la mente logra sacudirse los estados de apego y aversión originados en los recuerdos o en las expectativas, se adquiere la conciencia del espacio que media entre pasado y futuro y se aprende a permanecer en el presente. En estas circunstancias es posible adquirir conciencia de la vacuidad de todos los fenómenos, proyectándose hacia la mente de la luz clara[223] que sólo puede manifestarse en el presente.

---

[221] *Mundos en armonía*, 2001, p. 73.

[222] *El arte de la compasión*, 2002, p. 30.

[223] *Las cuatro nobles verdades*, 2002, p. 62.

Una mente que se resiste a dejar los recuerdos y todos los estados emocionales que conlleva como la nostalgia, la tristeza y la melancolía, está asociada inevitablemente con la pesadumbre y anula profundamente la creatividad: crea un estado de conciencia obnubilada (*moha*, en sánscrito). Por eso, la calma mental (samadhi) se opone a la rigidez, pues está acompañada de una sensación de ligereza y flexibilidad.[224] Frente al torrente de los pensamientos y emociones que tienden hacia el pasado o hacia el futuro, no hay mejor remedio que estar alerta de su presencia, detectar cómo esa corriente de nostalgias y esperanzas surge, se moviliza por todos los espacios y después desaparece, creando otra serie de pensamientos similares. El silencio resulta un buen antídoto en estas situaciones, pues permite "mirar" desde un estado de paz los flujos desbocados de pensamientos que transitan en los tres tiempos psicológicos conocidos por la humanidad.[225]

Pero de hecho los pensamientos nacidos bajo la lógica del pasado y del futuro recrean los estados mentales contaminados y afligidos, generando un ciclo de repeticiones de esquemas conocidos previamente. Así es como las personas crean para sí mismas identidades que parecen inmóviles y definitivas. Aunque se quiera la felicidad y no se desee el sufrimiento, lo que se hace es exactamente lo contrario: bajo la influencia de las perturbaciones y aflicciones, se siente uno acosado y acorralado por los sufrimientos del pasado y las preocupaciones del futuro, de suerte que se hace imposible alcanzar estados de felicidad y calma. Los hábitos y el karma

---

[224] *El ojo de la sabiduría*, 2001, p. 90.

[225] *Consejos espirituales*, 2002, p. 73.

del pasado nos esclavizan y crean propensiones a reaccionar bajo ciertas maneras de pensar y sentir.[226]

Siempre terminamos mal porque así somos

Se pregunta el Dalai Lama ¿Por qué no conseguimos la felicidad que buscamos constantemente? ¿Por qué con tanta frecuencia afrontamos sufrimientos y desdichas?[227] Su respuesta es que los pensamientos y emociones están desordenados e identificados con "una manera de ser" de las personas, que somos incapaces de aceptar los cambios del mundo en el que vivimos. Por tanto, los hábitos emocionales y los patrones de pensamiento nos controlan, lo que propicia que cometamos los mismos errores una y otra vez, y suframos los mismos fracasos y desilusiones, una y otra vez.

A pesar del mundo samsárico y de la presencia de los estados emocionales negativos que lo distinguen, para el Dalai Lama la naturaleza humana sigue siendo compasiva y bondadosa.[228] Para este monje, la cólera y la agresividad se producen a un nivel secundario y superficial, pues surgen de los sentimientos de frustración por los esfuerzos infructuosos que se hacen para el logro del amor, el afecto y la seguridad existencial.

Cada persona pone en acción sus recursos mentales, verbales y corporales según su espíritu esté en contacto con el mundo exterior por medio de los seis sentidos. Así, no resulta extraño que las identidades personales tengan la particularidad de estar dispersas en varios planos de la existencia,

---

[226] *Transforma tu mente*, 2001, p. 15.

[227] *Ibídem*, p. 16.

[228] *El arte de la felicidad*, 2000, p. 57.

donde la corriente de pensamientos y emociones semeja un río que parte a diversas direcciones, según se ponderen los objetos destinados a cada uno de los sentidos.[229] Las energías humanas que así se canalizan, en el contexto de un desorden de prioridades, tienen la garantía de confusión y frustración.

Entre las falsas ilusiones, la pasión, una expresión refinada del apego y del aferramiento, se acompaña innegablemente de la cólera, el orgullo, la animadversión y otras. Por pasión habría que entender un aferramiento irracional a una o varias personas o a ciertas cosas. Se manifiesta casi siempre como egoísmo exacerbado y cuando se tropieza con un obstáculo se convierte fácilmente en odio.[230] Esta cadena de causas y efectos se convierte en rasgos de una personalidad, por ejemplo, una persona colérica define su manera de ser por la ira.

Evidentemente las personas tienen una respuesta predecible en cuanto a las situaciones que viven; en especial frente a entornos poco propicios o adversos para la realización de los deseos y de las aspiraciones. Entonces, siempre terminamos en problemas porque nuestras reacciones parten de un modelo de respuesta aprendido por la experiencia y por los karmas que hemos venido arrastrando del pasado.

Cuando se parte de posiciones absolutas, de "esto está mal", "esto está bien", hay que considerar que la mayoría de las condiciones adversas o favorables en la vida se dan como hechos irreductibles: cuando suceden, suceden. Por eso, para tener un criterio de juicio menos desordenado y ajeno a las imputaciones del modo de ser, hay que guiarse por la máxima que el Dalai Lama establece:

---

[229] *Samsara*, 2002, p. 138.

[230] *Introducción al budismo*, 2004, p. 38.

En general, podemos decir que cualquier acción o factor que nos aporte felicidad o satisfacción es bueno; cualquier cosa que nos produzca infelicidad o dolor es malo. De modo que la decisión última sobre el bien y el mal se basa en la experiencia y en el sentimiento.[231]

La ambición se ha extendido en las sociedades modernas a tal grado que actualmente constituye uno de sus rasgos más destacados, por lo que ser independiente se ha convertido en una meta para la mayoría de las personas. De aquí se originan también las relaciones de subordinación con otras entidades personales o sociales.[232] Se trata de ser tan independiente como se pueda. Y en este propósito las sociedades se acercan de manera irreversible a un consumo individualizado de objetos elaborados que rebasa la tasa de producción de insumos, por lo cual, por ejemplo, la tala de bosques es mayor que su crecimiento; la contaminación ambiental supera los ciclos de purificación, de ahí que el consumo de agua y petróleo crecen a un ritmo mayor que la capacidad de producción y así sucesivamente. La idea ambiciosa del individualismo egoísta crea un mundo cada vez más pobre y usurpado. En estas condiciones puede afirmarse que el progreso humano, así considerado, resulta un fatal error ecológico y humano que provoca mayor sufrimiento.

La ambición humana también surge de la idea, por cierto legítima, de que al poseer el control sobre recursos humanos, financieros y materiales se garantiza la seguridad y estabilidad existencial. Para actuar de esa manera se requiere postular que las cosas aparecen con existencia inherente, esto

---

[231] *Compasión y no violencia*, 2001, p. 137.

[232] *El arte de vivir en el nuevo milenio*, 2000, p. 18.

es, que existen por sí mismas, y que por lo tanto son objetos que se pueden ostentar como elementos de la identidad personal. Esta cualidad de inherencia en los objetos, que como se ha visto es una ilusión, permite el aferramiento y la creencia de que así tenemos una verdadera existencia. De ello se sigue que los objetos se deforman y las acciones, basadas en concepciones erróneas, propician resultados lamentables tanto para la gente como para el medio ambiente.[233]

Por eso, cuando las cosas salen mal –y esto ocurre con bastante frecuencia– se debe comprender que se ejercieron actos de ignorancia, que se puede entender de dos maneras: una es solamente no saber algo y la otra es ver de un modo distorsionado o equivocado los objetos o fenómenos. Esta última es objeto de estudio para el budismo, pues las férreas creencias, los hábitos mentales y los patrones de respuesta de los pensamientos se presentan tanto en el mundo interior de la gente como en el exterior, como juicios acertados y verdaderos.[234]

De ahí que la ignorancia por distorsión se convierte en el caldo de cultivo para los problemas individuales y sociales, y, en síntesis, en simiente de los estados de sufrimiento. Por lo tanto, eliminar la ignorancia contribuye en gran medida a realizar acertadamente las cosas de la vida, y a desechar las respuestas habitualmente erróneas. En estas circunstancias, resulta muy importante comprender cómo se presentan las cosas y cómo son en realidad, que es el argumento budista de la verdad relativa y la verdad absoluta, temas que se verán en el siguiente capítulo de manera amplia.

---

[233] *El camino del gozo*, 2001, pp. 37-38.

[234] *Compasión y no violencia*, 2001, p. 138.

El modo de ser de una persona común, es decir, que se comporta de acuerdo con hábitos y patrones mentales usuales, se inscribe en el contexto de la avidez de los deseos y del apego neurótico a los objetos materiales. Su existencia está en función de aferrarse a obtener todo aquello que le parezca deseable o que cree que produce sensaciones placenteras. Así concebida la vida, la persona se verá confinada al tormentoso mundo de los deseos y, por ende, del sufrimiento. El método que el budismo y el Dalai Lama enseñan para liberarse del reino del deseo estriba en trascender el apego por los objetos de percepción placentera,[235] reconociendo su impermanencia y vacuidad.

Solemos agitarnos y sufrir porque nuestros deseos no se cumplen, y cuando por excepción llegan a realizarse, resultan efímeros, pues de inmediato surgen muchos otros que reanudan el ciclo de deseo y búsqueda de de la satisfacción. En consecuencia, la cadena de la avidez de los deseos no tiene fin si se siguen confundiendo las apariencias con las realidades. Por eso, vivimos en el miedo y en la inestabilidad, donde no puede haber paz.[236]

---

[235] *Las cuatro nobles verdades*, 2002, p. 45.

[236] *La meditación paso a paso*, 2001, p. 69.

5

El modo de aparecer no coincide con el modo de ser

El mundo dual se presenta como un espejismo

Uno de los temas más complicados de la doctrina budista consiste en desentrañar la manera en que se observa la realidad. Los conceptos de vacuidad, apariencia e interdependencia confluyen para que la teoría cognoscitiva sea crucial en la comprensión de por qué en esta perspectiva se da tanta importancia a la diferenciación entre el modo en que aparentan ser las personas, cosas, hechos y circunstancias, en suma, los fenómenos, y el modo en que existen en la realidad.

¿No es un acto de locura esquizofrénica decir que lo que aparece reflejado en la mente no existe en realidad? Aunque ya se abordó este tema en capítulos anteriores, retomamos el tema para comprender de manera integral las implicaciones que tiene para la existencia cotidiana y en particular para la doctrina budista, la manera en que se observa la realidad y sus repercusiones en el sufrimiento y la felicidad bajo las directrices que expone el XIV Dalai Lama.

En una de sus múltiples entrevistas, y después de discurrir ampliamente sobre la vacuidad, el Dalai Lama dice:

–Cuando dudo de mi existencia, me pellizco.

Replica el entrevistador, Jean-Claude Carrière: Así pues, no hay duda: existimos.

–Sí. Aunque nuestro conocimiento del mundo y de nosotros mismos sea ilusorio, existen un no-nato y un no-devenido; sin ello nosotros no existiríamos. Pero existimos de una forma a la vez relativa (a la actividad de nuestro espíritu) y condicionada por todas las demás existencias.[237]

En resumen, la existencia convencional es real, pero relativa y condicionada, aunque aparezca absoluta. Y en cuanto a los conceptos de no nato y lo no devenido se refieren a lo absoluto, aquello que es en todo lugar y tiempo.

Al experimentar cualquier tipo de estímulo surgido de las relaciones de los objetos con los seis sentidos, aparece inmediatamente el mundo dual de las percepciones bajo la forma de una polarización que se basa en los instintos del placer: agradable o desagradable. En ese marco se dan las demás dualidades: amigo-enemigo, bueno-malo, simpático-antipático, bello-feo y los hábitos y patrones de juicio y conceptualización mundana.

Para el budismo, destronar el mundo de la dualidad no quiere decir desparecer la realidad donde se desarrolla. El concepto de vacuidad significa, en este campo, carencia de ego en las personas y en los objetos, ausencia de existencia inherente o inseparable. Dice el Dalai Lama que la no-existencia inherente es como el cero en matemáticas: un número que en sí mismo no es nada, pero sin él no existirían todos los demás. Lo mismo sucede con el concepto de vacui-

[237] *La fuerza del budismo*, 1995, p. 74.

dad: es la no-existencia por sí misma, pero a la vez "es la base de todo".[238] La vacuidad es la causa sustantiva del porqué las cosas no existen como aparentan: aparecen como objetos sólidos, definitivos e independientes, pero no lo son.

La apariencia de las cosas equivale a decir que la naturaleza de los fenómenos es meramente imputada por la mente y, por tanto, "no es más que una composición de nuestro pensamiento".[239] Para profundizar en el tema, debemos reconocer que la existencia real la percibimos de una manera diferente: una mente común, con perturbaciones y aflicciones, y una mente clara y transparente no contaminada. En el primer caso, los fenómenos tienen elementos subjetivos propios, que nacen de "sí mismo", de una esencia interna, de ahí que el fenómeno se hace objeto de emociones pasionales, ya sea de apego, de aversión o de ignorancia. En cambio, para la mente clara, la existencia real presenta apariencia y modo real de existir, es una expresión inmediata de la impermanencia, insatisfacción y vacuidad de "sí mismo", por lo cual le es imposible generar algún elemento de apego, aversión o indiferencia hacia ese fenómeno.

Hay que destacar en este contexto que cuando la percepción ordinaria de una mente no clara se somete a un análisis lógico y riguroso, la vida cotidiana puede llegar a concebirse como una contradicción entre la manera en que los objetos se presentan y su verdadera existencia. Esta apreciación metodológica es correcta en la medida en que la existencia real es diferente de la forma en que parecen existir los fenómenos. Aquí la desilusión sirve como ejemplo toda vez que invariablemente se origina por el abismo que separa la manera

---

[238] *El poder de la compasión*, 1999, p. 75.

[239] *Transforma tu mente*, 2001, p. 117.

en que se presenta una situación determinada de lo que es realmente. Apariencia y devenir siendo no coinciden.[240]

Para comprender por qué el mundo aparece con una estructura dual y polarizada, debe analizarse cómo se refleja la realidad en la mente. Las consideraciones sobre la naturaleza de los fenómenos sustentan tal situación. Existen, en este sentido, cuatro principios que establece el Dalai Lama:

- El *principio de naturaleza* postula que todo fenómeno tiene causas y efectos; que a toda acción corresponde una reacción.
- El *principio de eficacia* está relacionado con la capacidad de los fenómenos de poseer ciertos resultados dados en su naturaleza. El agua moja, el fuego quema, por ejemplo.
- El *principio de dependencia* explica las relaciones de coexistencia mutua entre los fenómenos: cómo unos fenómenos sostienen la existencia de otros, formando una cadena de dependencias mutuas.
- El *principio de validez* implica profundizar con análisis y lógica la interrelación entre causas y efectos de los fenómenos.[241]

A estos cuatro principios de definición de la naturaleza de los objetos y fenómenos corresponden, aunque no de forma exacta, cuatro perspectivas falsas al observar la realidad:

- Considerar eternos, permanentes e inmutables los fenómenos internos (mentales) y externos, aunque en realidad son todos ellos transitorios y pasajeros.

---

240 *La meditación paso a paso*, 2001, p. 35.

241 *Las cuatro nobles verdades*, 2002, p. 74.

- Creer que las acciones placenteras de cosas y acontecimientos son verdaderas fuentes de felicidad, cuando en realidad originan insatisfacción y sufrimiento.
- Definir como puras y deseables cosas que en realidad son impuras.
- La noción de que los objetos y fenómenos existen realmente por sí mismos, autónomamente, aunque en realidad carecen de dicha autonomía y existencia propia intrínseca.[242]

Las cuatro falsas perspectivas que la mente puede tener de su realidad cotidiana se derivan de la imposibilidad de fundamentar la naturaleza sustancial de la realidad. Se trata de que la mente, al clasificar sus experiencias de modo polarizado, construye un mundo con esas características; en otras palabras, produce la realidad dual que así se experimenta. Se actúa en la vida como si los conceptos, que son meros símbolos, tuvieran un valor intrínseco y fueran concretos y objetivos. El aferrarse o el engendrar aversión hacia esas categorías "cosificadas" determina que no se pueda comprender la naturaleza de las realidades.[243]

Aunque los objetos y fenómenos externos poseen una naturaleza determinada, la mente les atribuye otras propiedades cuando construye sobre ellas proyecciones o imágenes.[244] El objeto y el fenómeno responden a un nombre; su esencia es el nombre, no la cosa en sí. Como lo establece el Dalai Lama, "es una existencia derivada de la fuerza de un

---

[242] *Transforma tu mente*, 2001, p. 32.

[243] *Compasión y no violencia*, 2001, p. 121.

[244] *El mundo del budismo*, 1998, p. 58.

nombre, de una designación convencional, tan sólo es un ser producido por la fuerza de designación de un concepto, pero no es nada que pueda existir objetivamente".[245] Esto es lo que se debe entender cuando se habla de que las cosas no existen por su esencia.

Cuando la mente capta la realidad de un modo equivocado, cuando no aplica correctamente los principios de la naturaleza de las cosas, propicia las creencias y los juicios duales. Polarizar a las personas (buenas y malas), las circunstancias (agradables y desagradables), las situaciones (positivas y negativas) y las cosas (bellas y feas) revela falta de entendimiento de cómo es la realidad. Por tanto, cuando se aprende erróneamente la naturaleza de las cosas, la experiencia se queda sin fundamento. La mayoría de las personas aprende la realidad de un modo confuso, contradictorio, dada la serie de distorsiones que conlleva inevitablemente el juzgar la vida de esa manera.[246]

La noción equivocada de la realidad implica la determinación de contraponer, de manera simplista y desconsiderara, los hechos de la existencia desde un polo a otro; significa aferrarse a que así son las cosas, y por lo tanto se les considera absolutas, independientes y unitarias[247] pues sólo clasificando los objetos y fenómenos tenemos capacidad de generar sobre ellos el apego y la aversión.

Para seguir el análisis vale la pena mostrar ahora los tres tipos de fenómenos que hay en el mundo samsárico:

---

[245] *Pacificar la mente*, 2000, p. 152.

[246] *El mundo del budismo*, 1998, p. 148.

[247] *El poder de la compasión*, 2001, p. 84.

- *Fenómenos plenamente establecidos:* representan el modo de ser último de todos los fenómenos, es decir, la vacuidad.[248]
- *Fenómenos dependientes:* se definen por todas las cosas y acontecimientos que se producen como resultado de causas y condiciones.
- *Fenómenos atribuidos:* se refieren a aquellos que sólo existen como conceptos atribuidos, abstractos, como son las leyes universales, las relaciones humanas, la presencia y ausencia de algo.

Una vez comprendida la importancia de definir la naturaleza de los objetos y fenómenos y la manera en que pueden darse los errores de percepción en la mente, importa entender ahora que el espacio entre la apariencia y la realidad de las cosas desaparece, como dice el Dalai Lama, al conducir los dos extremos hacia la visión genérica de la realidad: por un lado, creer ciegamente en la existencia inherente y, por el otro, creer que todo en la vida carece de existencia absoluta.[249]

De acuerdo con la metodología budista, los dos extremos pueden superarse cuando la percepción directa de los fenómenos y el método del razonamiento corrigen las visiones erróneas sobre la vida, principalmente aquella que polariza las cosas, así como los objetos y fenómenos no tangibles, por ejemplo, la emociones y los pensamientos.[250]

La mente tiene capacidad de razonamiento y percepción directa, por lo que puede trascender el mundo dualizado en-

---

[248] *El mundo del budismo tibetano*, 1998, p. 32.

[249] *Un acercamiento a la mente lúcida*, 1994, p. 175.

[250] *La meditación paso a paso*, 2001, p. 125.

tre la apariencia y la realidad y los juicios polarizados entre bueno y malo. Las aflicciones y perturbaciones eclipsan esa capacidad y distorsionan el conocimiento y la luz clara.[251]

Paradójicamente los objetos y fenómenos se generan en la mente como si tuvieran una realidad intrínseca, definitiva y única, sobre todo se proyectan "ahí fuera":[252] un espejo que simula la realidad, he aquí la razón de la inmensa distancia entre la apariencia y la realidad de las cosas. Cuando la apariencia se produce en la mente viene contaminada pues conlleva un sinfín de clasificaciones y prejuicios aprendidos por medio de las experiencias pasadas, hábitos y patrones de pensamiento, y por el resultado, a veces sumamente complejo, de las acciones mentales, verbales y físicas equivocadas y dañinas.[253] La manera en que percibimos la mayoría de los objetos y fenómenos en la vida contiene un sinnúmero de contaminantes.

Por eso el Dalai Lama escribe que "El espíritu de Buda está libre de toda imaginería conceptual y, por lo tanto, de toda proyección dualista".[254] La dualidad tiene sustento en la separación entre sujeto y objeto, en la autonomía entre el que observa y lo observado. De aquí que cuando la mente se sitúa en el mundo de la dualidad, se disocia automáticamente el mundo fenoménico de las apariencias y se vuelve consciente de su vacuidad, y por lo tanto tendrá la experiencia de un mundo relativo, condicionado.

La verdad permite reducir las distancias entre la apariencia y la realidad y, por ende, el conflicto que siempre surge

---

[251] *Emociones destructivas,* 2004, p. 137.

[252] *El mundo del budismo tibetano*, 1998, p. 58.

[253] *Más allá de los dogmas*, 1994, p. 248.

[254] *Ibídem.*

por las percepciones duales. La verdad convierte la proyección mental en un reflejo exacto del objeto y del fenómeno, despojándolos de cualquier imputación proveniente del apego, de la aversión o de la ignorancia. Se comprende cómo son las cosas, y con ello se abren las posibilidades de estabilizar la mente, disminuir las tormentas de pensamientos y sentimientos malsanos, y cultivar así un estado de felicidad y satisfacción. Esto implica que la mente deseche los apegos, y se desarrolle de acuerdo con las leyes de la naturaleza y con la forma en que existen las cosas.[255]

La verdad se alcanza por medio de la sabiduría, que puede trascender el mundo dual y las polarizaciones que las percepciones egocentristas reproducen de forma automática en el comportamiento humano.[256] Pero la verdad requiere la paciencia, la bondad y la compasión de una mente clara y transparente, como se verá en el próximo y último capítulo, a través de dos conceptos claves: *bodhichitta* y *bodhisattva*.

Por lo tanto, para comprender la importancia de la sabiduría hay que conocer los tres tipos: sabiduría convencional, que comprende todo aquello que tiene que ver con el mundo de los nombres y sus funciones; sabiduría definitiva, que hace referencia al modo último en que existen los objetos y fenómenos, es decir, a la vacuidad; y la sabiduría compasiva, que conoce las formas de ayudar y proteger a todo ser animado. Para alcanzar estas sabidurías, se requiere superar la visión del mundo dual, que si bien puede parecer real, se trata de un espejismo producido por la ignorancia.

---

[255] *Compasión y no violencia*, 2001, p. 91.

[256] *El mundo del budismo tibetano*, 1998, p. 112.

Apariencias y sustancia vacía del ser

Cuando en el mudo occidental se hace referencia al término "ser", se identifica al sujeto del yo. Todo el bagaje que en la teoría de la vacuidad ha desarrollado el budismo está enfocado a desarraigar la creencia en un yo objetivo, real, permanente y sólido; esta creencia es el mayor obstáculo que impide comprender la realidad tal y como es, y constituye el factor que bloquea la compasión natural y la bondad que hay en los corazones humanos. Al yo se debe que la mayoría de las personas vivamos la pesadilla del samsara, ya que provoca casi todos los conflictos en el mundo ordinario.

La falsa percepción del yo obliga a la mente a sentir apego hacia las cosas que considera agradables, placenteras y beneficiosas; pero también a sentir aversión hacia las cosas imputadas como desagradables, insoportables y perjudiciales. Bajo esta perspectiva la conciencia tiende hacia la existencia absoluta, positiva, cuando está en la sintonía de apego, o hacia la negación cuando se encuentra en circunstancias de aversión.[257]

Cuando la teoría de la vacuidad desarrolla la idea de que todo lo que existe es interdependiente, la postura de que el yo es el eje central de la existencia se debilita significativamente. En otras palabras, al establecer que el ego carece de existencia inherente y que quien lo porta depende de otras personas y factores, no hay mucho que pueda sostener al yo.[258] En consecuencia, entender que ningún objeto y fenómeno tiene realidad sustancial, equivale a comprender el origen dependiente de todos los fenómenos.

---

[257] *Más allá de los dogmas*, 1994, p. 202.

[258] *Con el corazón abierto*, 2003, p. 98.

Por tanto, la razón básica que argumenta el budismo para demostrar la vacuidad del yo y su existencia convencional tiene que ver con su origen. Cuando algo es dependiente, no puede postularse su independencia; si algo es humano, no puede afirmarse que no es humano. Por lo tanto, si el yo es dependiente, no puede ser independiente.[259]

Pero entonces ¿de qué depende la nominación del yo? De la combinación e interacción entre mente y cuerpo, donde el apego es un hecho biológicamente contingente y la mente es la entidad que persiste a lo largo del tiempo. Para el budismo, la mente de luz clara es saber y experiencia pura y transparente que subsiste a través de numerosas vidas.[260] La mente así definida es en realidad la llamada "conciencia" de un ser humano.[261]

Si se busca un yo en los agregados del cuerpo y la mente, no se encontrará nada parecido. ¿Ese yo está en alguna parte del cuerpo? No. ¿Es un factor mental? Tampoco. Entonces, ¿se localiza fuera del cuerpo? Imposible. Esto demuestra la calidad ilusoria del yo. Aquí es evidente que dicha creencia sólo constituye una manifestación "espontánea" de la ignorancia, comprendida como un no saber cómo son las cosas; de ahí que constituya la raíz del samsara, de la existencia cíclica, repetitiva, de los errores, problemas y sufrimientos.

---

[259] *Un acercamiento a la mente lúcida*, 1994, p. 88.

[260] La teoría de la reencarnación es un postulado central para la doctrina budista. Aquí sólo se alude al tema sin entrar en detalles; lo que importa es que la mente sutil pasa de una vida a otra mientras siga impregnada de fuerzas kármicas de apego y deseo a la vida mundana, ordinaria. En el momento en que la mente se desapega de la existencia, de Eros, ya no vuelve a nacer. Eso es lo que se dice al final del Metta Sutta, como se puede apreciar en el anexo VII.

[261] *Con el corazón abierto*, 2003, p. 89.

Sólo percibiendo la dimensión y naturaleza de la apariencia del yo y de las sustancias vacías del ser se puede uno liberar de la existencia condicionada por la ilusión, el engaño y el dolor, de la pesadilla del samsara.[262]

El cuestionamiento del yo también apunta que es imposible concebir a una persona separada de sus agregados mentales y corporales y de sus sentidos. Todos los agregados o partes del cuerpo animado son impermanentes, y en un sentido universal, frágiles e imperfectos. Una persona puede ser un ente singular por su historia, por el desarrollo combinado de experiencias particulares, por sus antecedes familiares y su estructura existencial grupal y social; por eso, dice el Dalai Lama, "no hay otra forma de existir"[263] más que en ese devenir que define a las personas desde que nacen hasta que mueren.

Podemos utilizar otro razonamiento. No hay ningún ser o persona que exista de manera separada e independiente de los agregados mentales y corporales. Una persona sólo existe en tanto que depende de agregados como el cuerpo material, las sensaciones, percepciones, voluntad de acción y conciencia. Fuera de estos campos de agregados, la persona no existe. En el lenguaje común se hace evidente la dependencia de los agregados de las personas: cuando el cuerpo envejece, se dice que la persona es vieja; cuando una parte del cuerpo se enferma, se dice que la persona padece una enfermedad; cuando se pasa por un estado de enojo, se dice que la persona es enojona.[264]

Por tanto, el yo no se encuentra en ninguno de los agregados corporales y mentales aludidos; tampoco la agrupa-

---

[262] *El poder de la compasión*, 2001, p. 78.

[263] La meditación paso a paso, 2001, pp. 179-180.

[264] *Ibídem*, p. 130.

ción de los agregados puede formar un yo, porque muchas veces las personas pueden no tener uno o varios sentidos, o una o varias partes del cuerpo, y siguen siendo personas concretas, transitorias. De hecho, la persona como un yo es sólo una etiqueta asignada convencionalmente por hábitos y costumbres universales, nacionales y locales que hacen que la persona exista nominalmente.

Tal y como lo afirma el Dalai Lama: "No hay ninguna persona ahí que exista inherente, verdadera e independientemente".[265] El engaño del yo propicia la avidez de los deseos; si no se partiera del yo, difícilmente existiera la avidez de apegos y aversiones. He aquí la importancia de comprender la vacuidad del yo, del ego.

En la tradición budista mahayana se representa el samsara como una inmensa rueda que gira por la fuerza de la codicia, la aversión y la ignorancia; sus efectos son aquellas experiencias humanas que se identifican con el malestar (dukha), la insatisfacción, particularmente con los diversos tipos de sufrimiento como el nacimiento, la enfermedad, el envejecimiento, la muerte, el tener cosas y no quererlas, el no tener cosas que se desean y el perder cosas que se quieren.[266] Por eso, en el samsara la mente es impura y deficiente; así se produce dukha y todas sus consecuencias en la vida: la agresividad y la destrucción.

Si bien el yo parece real cuando se presentan estados emocionales negativos como el enojo, la ira y la codicia, no existe en realidad, es una ilusión.[267] La vacuidad del yo, como lo afirma el Dalai Lama, es su naturaleza última; dc

---

265 *El camino del gozo*, 2001, pp. 185-186.

266 *El ojo de la sabiduría*, 2001, p. 109.

267 *La política de la bondad*, 2001, pp. 75 y 76.

hecho, todas las cosas, hechos, circunstancias y elementos que acompañan al yo, también tienen naturaleza vacía, no existen por sí mismos ni para sí mismos; sólo existen en una inmensa y profunda red de dependencias, de condicionamientos en las cadenas de causas, efectos y agregados.

En la cotidianidad el yo aparece como algo tangible, sólido, auto instituido, por ejemplo cuando alguna de las partes del cuerpo siente dolor, cuando sentimos una profunda tristeza o un éxtasis de alegría, éstos en realidad no existen en sí mismos, pues aunque el yo demuestra en esos momentos que existe de manera concreta, sigue apareciendo sólo como una ilusión, muy real por cierto, en la mente. Así pues, la referencia de la vacuidad del yo es la ausencia de identidad propia, absoluta.[268]

Las cosas y los fenómenos, por tanto, solamente se establecen en la existencia según lo determine su naturaleza de origen dependiente y la formación de redes y subsistemas de sus agregados, de sus partes; de ahí que carezcan completamente de una realidad intrínseca; no es que no existan, sino que existen de una manera diferente de como aparecen. Igualmente el yo no existe como aparece, como algo sólido, definitivo e independiente, sino como una entidad que depende de muchos factores y elementos para estar ahí, en el presente. Es dentro del marco de la realidad fenoménica del origen dependiente de todas las cosas donde se puede enmarcar y situar "la causa y efecto, la verdad y la falsedad, la identidad y la diferencia, el prejuicio y el beneficio".[269]

Cuando se comete el error de considerar el yo como una entidad existente, se tiende a sobredimensionarlo y a confe-

---

[268] *Un acercamiento a la mente lúcida*, 1994, p. 80.

[269] *El arte de vivir en el nuevo milenio*, 2000, p. 54.

rirle una enorme importancia, lo que acarrea una serie de problemas pues todo debe girar en torno al ego y a la satisfacción de sus necesidades; el mundo se mueve en función de la estimación propia y del aferramiento al yo. En cambio, si se asume otro punto de vista que no sea la *visión central desde el yo,* entonces la actitud frente a los problemas es radicalmente diferente; el mundo se mueve en función de la ecuanimidad y a partir de las cosas como son.

Para el Dalai Lama estos dos enfoques son diametralmente opuestos (el centrado en el yo, y el de la vacuidad del yo);[270] el primero tiene un carácter reduccionista y limitado de los hábitos y patrones mentales del yo; en cambio, el segundo es holístico, abierto y flexible y puede ver las cosas desde diversos ángulos. Él suele poner un ejemplo muy sencillo para describir estas dos formas de ver la vida:

> *[...] imaginemos que vemos en un escaparate un bonito reloj de pulsera y entramos a preguntar por él. Si el vendedor deja caer el reloj, pensamos ¡Vaya! El reloj se ha caído. El hecho no nos afectará demasiado. Sin embargo, si hubiéramos comprado ya el reloj, es decir, si éste ya fuera 'mi reloj', y se nos cayera sin querer, el impacto sería mucho mayor. Nos sentiríamos como si el corazón fuera a salirnos del pecho. ¿De dónde procede ese poderoso sentimiento? La posesión surge directamente de la noción del yo.*[271]

Entre más fuerte es la sensación de la existencia independiente e intrínseca del yo, más poderosa es la creencia en "lo mío", pues la independencia y la autosuficiencia, que tanto se inculcan en las sociedades modernas, son estados que en-

---

[270] *Ibídem*, pp. 145-146.

[271] *El arte de la compasión*, 2002, p. 97.

tronizan el yo y por lo tanto todo tiene que subsumirse a sus deseos y demandas. Como en realidad esto es imposible, las personas que se guían por el yo, constantemente estarán ansiosas y frustradas porque sus deseos no se cumplen en la realidad.

En resumen, el yo sólo puede ser entendido en relación con el conjunto de interacciones que se dan entre mente y cuerpo; para la doctrina budista, si existiera un yo –un *atman* en sánscrito, un *alma*–, éste tendría que estar separado de las partes agregadas que lo constituyen, pero que son impermanentes; o tendría que ser un conjunto diferente del cuerpo y la mente; pero si el alma estuviese "fuera" de los conjuntos cuerpo y mente, entonces no tendría ninguna relación con ellos.[272]

Si bien el yo puede ser concebido como la suma de experiencias, de pensamientos, emociones y acciones, esto es, como una "cognición válida", no hay un yo indivisible y permanente en los agregados del cuerpo y la mente. Por eso, en el sistema filosófico budista se dice que el yo sólo existe en cuanto designación a través de lo imputado y de lo nominal;[273] de lo asignado por la sociedad, las instituciones y la cultura, sin dejar de depender de ciertos elementos como un cuerpo con nombre, la identidad simbólica basada en documentos y la certificación de conocidos y personas que pueden dar fe de la existencia convencional de ese yo.

En efecto, la entidad del yo aparece separada del conjunto de relaciones históricas y biológicas entre cuerpo y mente. Esto es así porque el yo se presenta de varias formas en la mente: como una entidad permanente; como una unidad

---

[272] *Ibídem*, p. 96.

[273] *Un acercamiento a la mente lúcida*, 1994, pp. 86-86.

separada de todo; y, como un sujeto que existe por sí mismo. Pero como se ha visto, ese yo, como el alma, siempre aparece separado del cuerpo y de la mente; aquí la persona asume la función de usufructuaria.[274] El cuerpo y la mente, desde esta visión dogmática, son utilizados por el yo.

Por tanto, las personas no existen en y por sí mismas, sino "en el contexto del lenguaje y del entendimiento que predominan en el mundo trasnacional".[275] Esto da la pauta para entender que cuando la mente se aferra a los hábitos de pensamientos y a los patrones mentales lo hace por el convencimiento de que en esa persona existe un yo que debe defender frente a las inclemencias de la vida y frente a las contingencias que amenazan el sentido de la estimación propia y el apego al ego. Si la mente es el agregado básico de las personas y no su alma, entonces se puede afirmar que en esta entidad no pueden coexistir al *mismo tiempo* dos pensamientos o emociones. En consecuencia, cuando una persona experimenta un pensamiento positivo, armónico, no pude tener a la vez un pensamiento negativo.[276] Ésta es la hipótesis básica del crecimiento espiritual dentro del marco conceptual budista: el desarrollo espiritual tiene viabilidad en la medida en que los pensamientos y emociones positivas pueden ir expandiéndose cada vez más en la mente, y reduciéndose los negativos. Cuando los pensamientos y emociones positivos predominan en las funciones mentales, se dice que la persona tiene una mente iluminada, que ha logrado la bodhichitta, tal y como se verá en el sexto, y último, capítulo.

---

[274] *Ibídem*, p. 187.

[275] *Transforma tu mente*, 2001, p. 132.

[276] *Ibídem*, p. 40.

En otras palabras, solamente puede concebirse la nominación del yo en función de sus componentes psicosomáticos; la formación de agregados en conjuntos como el cuerpo y la mente les confiere a las personas la existencia. Todos los agregados del cuerpo y de la mente están cambiando instante a instante, y lo mismo ocurre con el yo. Todos los "yoes" son pasajeros, por lo cual ninguno de ellos puede ser eterno, y puesto que son múltiples, no pueden ser unitarios. Con base en estos argumentos, el Dalai Lama y el budismo rechazan la idea del alma eterna e inmutable.[277]

Si se retoma la exposición que el Dalai Lama hace sobre las perturbaciones y aflicciones como causantes del sufrimiento, ahora se puede comprender mucho mejor por qué la combinación entre el egocentrismo (poner al yo en el centro de la existencia) y la creencia absoluta en una existencia independiente crean los estados negativos en las personas, ya que arman todo un escenario de ilusiones, engaños y violencia para responder a todo lo que atente contra los deseos e intereses de ese yo sobredimensionado. De ahí que "Si dirigimos nuestra atención al mundo en general empezamos a apreciar las consecuencias enormemente destructivas de esta forma de pensar"[278] Se explica entonces que la compasión y el amor genuino nunca asumen una actitud egocéntrica; aquellos en quienes prevalecen esos sentimientos parten de comprender a los demás en el sentido de que todos desean ser felices, que tienen derecho a buscar los caminos para la liberación de los factores que condicionan su existencia de dolor y frustración y que nadie quiere sufrir; con base en esta idea, se puede cultivar un auténtico interés por los demás, lo

---

[277] *Ibídem*, p. 25.

[278] *Ibídem*, p. 91.

que a la vez implica abandonar definitivamente el mundo superlativo del yo.[279]

Verdad relativa (convencional) y verdad absoluta (real)

En este apartado se analizarán bajo distintas ópticas las diferencias y las similitudes entre la manera de aparecer de las personas, cosas, hechos y situaciones y el modo de ser. ¿Por qué existe esta distorsión en el reflejo de la realidad sobre la mente? ¿Por qué la mente no puede captar de manera sencilla, directa y clara el modo de ser de las cosas? ¿Por qué tanta confusión y errores que llevan a la gente a repetir viciosa e insistentemente las mismas causas que producen sufrimiento, alejándose cada vez más de la producción de las condiciones de felicidad y el bienestar interno? ¿Dónde está el centro de esta pesadilla?

Todos los sentidos humanos tienen un rango de percepción limitada: el ojo no ve todo lo que mira; el oído no escucha todos los sonidos a su alrededor; el olfato no es capaz de oler todos los olores que existen; el gusto no da cabida a todos los sabores; el tacto no tiene el abanico total de las texturas reales y la mente no pude procesar toda la información que le envían los sentidos mencionados ni sus mismos pensamientos y emociones.

La mente hace una selección, que es la verdadera abstracción, de entre los millones de datos que existen alrededor de la conciencia. La selección se define como un proceso de descarte y aceptación a cada instante de la información producida por estímulos externos y de las pulsaciones generadas por la mente misma. Así que nunca se ve todo lo visible,

---

279 *Consejos espirituales*, 2002, p. 99.

nunca se escuchan todos los sonidos audibles; nunca se huelen todos los olores en un momento dado, y –más importante aún– tampoco se tiene conciencia de todo lo que se piensa y todo lo que se siente.

El progreso de la ciencia y la tecnología está en función de ampliar las capacidades de los sentidos para abarcar mayores campos de observación y percepción y así poder conocer lo que no se puede observar con los sentidos. Máquinas, laboratorios, instrumentos y demás herramientas ayudan cada vez más a conocer con mayor profundidad los fenómenos: cosas que no se conocían, se conocen.

El mecanismo para establecer qué datos sí se procesan en la conciencia y cuáles no, se sustenta en filtros selectivos de la información que recibe la mente momento a momento. Y a partir de esa selección, según se hayan definido los hábitos y los patrones mentales, la mente construye sus realidades relativas.

Ésta es la base material para hablar de la verdad relativa y la verdad absoluta. La primera atañe a la naturaleza de las cosas, es decir, al conocimiento empírico. La segunda corresponde a la naturaleza absoluta de las cosas, al conocimiento trascendental, vital.[280] Descubrir cada una de las verdades, reconocer su existencia y sus implicaciones para la vida, depende de la sabiduría, que es diferente en cada una de ellas. Existe una sabiduría capaz de reconocer la diferenciación de los fenómenos, su riqueza y variedad; otra conoce el modo de ser último de los fenómenos. La más importante de éstas es aquella que conoce y percibe la vacuidad, el modo de ser de los objetos y los fenómenos.[281]

---

[280] *Introducción al budismo*, 2004, p. 77.

[281] *Consejos espirituales*, 2002, p. 91.

De hecho, el conocimiento convencional, representado en su más alto nivel por las matemáticas, el dato empírico y las ciencias físicas y naturales, hace referencia a las experiencias cotidianas del mundo, es el primer plano. En cambio, el conocimiento absoluto pertenece a los aspectos más profundos de la realidad, de la llamada "naturaleza última", esto es que no hay nada más allá de este punto; en la doctrina budista se llama *anatman*, la negación del yo y de la existencia de esencias en los objetos y fenómenos.[282]

Sunyata en sánscrito es vacuidad; éste es el concepto global que envuelve la verdad absoluta, la realidad real.

Quizá, como lo señala el Dalai Lama, los conceptos de verdad relativa y verdad absoluta sean el fundamento toral de la filosofía budista. La relevancia de esta concepción reside en su capacidad de comprender la relación entre el mundo de los fenómenos del cambio y flujo perpetuo de todo y la realidad subyacente de la inconmovible vacuidad: lo que fluye y lo que está.[283] Para el budismo, por tanto, la naturaleza vacía y la ausencia de realidad intrínseca constituyen la verdad última.

Comprender esta verdad permite desarrollar la sabiduría con la cual se supera todo apego, aversión e indiferencia, lo que hace posible la apertura total de la conciencia que observa, una clara definición de los contenidos y contornos de los objetos y fenómenos, y una infinita sensibilización hacia el flujo y la impermanencia de los factores de la vida: es la liberación del sufrimiento desde el punto de vista del budismo Mahayana.

---

[282] El buen corazón, 2000, p. 99.

[283] *Ibídem*, p. 159.

Se ha reiterado que la percepción errónea surge cuando interfieren en la mente perturbaciones y aflicciones mentales y emocionales que oscurecen la manifestación de la verdad absoluta en la conciencia. Ahora podemos entender mejor este error de percepción que se debe al hecho de aislar ciertos aspectos particulares de la experiencia, y de considerar una parte de los objetos y fenómenos como si fueran el todo; este procedimiento discriminatorio, producto de hábitos y patrones que responden al apego y a la aversión, reduce la visión de la vida[284] y crea ilusorios recuerdos del pasado y falsas expectativas futuras.

La llamada verdad relativa y la verdad absoluta también se pueden considerar desde otra óptica. La primera puede denominarse "sentido provisional" y la segunda "sentido definitivo" o modo real de cualquier cosa.[285] El sentido provisional, como lo designa su denominación, hace referencia a las formas efímeras e impermanentes que los objetos y fenómenos asumen a través del espacio y del tiempo. Por su parte, la verdad última y definitiva, sunyata, a la que se denomina vacuidad, se refiere a la ausencia absoluta de existencia independiente.[286]

La verdad absoluta implica, como afirma el Dalai Lama, que "como todos los fenómenos son dependientes de causas y condiciones y también de otros factores, carecen de categoría independiente";[287] es muy difícil percibirla únicamente con los sentidos, que desde tiempos inmemorables se encuentran atrofiados y desquiciados tanto por las experiencias

---

[284] *El arte de vivir en el nuevo milenio*, 2000, p. 45.

[285] *Pacificar la mente*, 2000, p. 25.

[286] *Compasión y no violencia*, 2001, p. 74.

[287] *El mundo del budismo tibetano*, 1998, p. 167.

negativas de las culturas (violencia, prejuicios, creencias falsas, entre otras) como por el karma que carga cada mente dadas sus acciones pasadas y sus resultados en el presente.

Ahora bien, importa destacar las características de la verdad última y definitiva porque comprenderla influye directamente en las perturbaciones mentales y en las aflicciones emocionales pues éstas se basan en general en el hábito y en los patrones mentales de considerar los objetos y fenómenos como cosas que tienen una existencia independiente y concreta.[288] La vacuidad destrona esta visión y corta de raíz la ignorancia, causa básica del sufrimiento y la ansiedad. He aquí el peso decisivo que tiene el comprender el sentido definitivo de las cosas de la vida, el sentido supremo de los fenómenos.

Si las cosas son verdaderamente interdependientes, puesto que poseen diferentes aspectos causales, diversos agregados que le dan una forma u otra y existen porque existen ciertas circunstancias, entonces su naturaleza es relativa a esa serie de factores, pero gracias a la vacuidad le permite asumir a cada instante una forma distinta. La vacuidad, el vacío de la esencia de las cosas, admite el flujo y el cambio perpetuo en el universo. De ahí que la verdad relativa no puede ser separada de la verdad absoluta: la apariencia existe porque existe la realidad. "Si las cosas fueran absolutas, no hay modo de hacer cambios",[289] afirma el Dalai Lama, y no habría movimiento ni dinámica alguna; en pocas palabras, no existiría la vida tal y como es.

Para la doctrina budista, la verdad relativa enseña qué actitudes y comportamientos hay que tener frente a las cir-

---

[288] *Compasión y no violencia*, 2001, p. 74.

[289] *Ibídem*, p. 128.

cunstancias y situaciones de la vida cotidiana; esto se llama la visión relativa de las cosas, la cual se parece mucho al juego de los ilusionistas y magos, donde las cosas aparecen y desparecen sin poder detectar el mecanismo de los movimientos que las manipulan; es como la vida de actores y personajes, donde los escenarios cambian en la dinámica de la misma representación. En suma, se trata de lo aparente en la existencia: se vive una realidad que no está demostrada.[290] Esto se debe a que existe una gran diferencia entre las apariencias de los objetos y su realidad última.

Los fenómenos no pueden demostrar su realidad porque simplemente no tienen existencia en sí mismos;[291] si la tuvieran, entonces la mente no tendría que hacer ningún tipo de esfuerzo, análisis o reflexión para entender la naturaleza de esos fenómenos. Si los fenómenos se generaran por sí mismos, no dependerían de otros factores. Por tanto, como los fenómenos no dependen de sí mismos, ni son capaces de existir sin relaciones de dependencia, su objetivad se establece en función de la conciencia subjetiva que los nombra; aparecen de una u otra manera según la denominación que se les asigna. El ejemplo más claro de este proceso es que X puede ser el peor enemigo de Y; y al mismo instante el mejor amigo de Z. La persona X asume diversas apariencias (Y, Z) dependiendo de las relaciones y circunstancias. X está en función de Y y de Z.

Pero si se observa la realidad última, la naturaleza real de todas las personas y cosas, no se encuentran diferencias entre las variedades de apariencias: todas carecen de realidad intrínseca, y por lo tanto tienen la característica común de

---

[290] *La fuerza del budismo*, 1995, p. 27.

[291] *Samsara*, 2002, p. 124.

ser impermanentes, cambiantes y absolutamente dependientes de otros fenómenos y de sus agregados. Nacieron, crecen y algún día morirán. Lo "múltiple y diverso", como señala el Dalai Lama, "adquiere un solo sabor";[292] aunque en el nivel de lo convencional se manifiestan en muchas formas y en apariencias diferentes; por eso se puede hablar de una diversidad que se da a partir de la unidad: las verdades relativas surgen de la verdad absoluta.

Los objetos y fenómenos como presencias relativas en la existencia mundana surgen, en un primer nivel, bajo el principio de la causalidad y como efecto de una red compleja de acontecimientos y condiciones interrelacionadas. Por tanto, nada puede conservarse exclusivamente por sí solo.[293] Todos los objetos nacen de causas, condiciones y de la combinación de agregados; estos factores manifiestan acciones que anteceden a los resultados, y los resultados, a su vez, forjan las condiciones de los objetos y fenómenos que se darán en el futuro.

El Dalai Lama alerta para evitar confundir el concepto de sunyata, vacuidad, con el de vacío o nada. Por eso, aconseja comprender la vacuidad, o la verdad última, en relación con los procesos de interdependencia de los objetos y fenómenos.[294] La verdad relativa se entiende mejor cuando se comprende que todo es producto de determinadas causas y condiciones y que aparecen de esa u otra forma por la manera en que sus partes se combinan en un todo, casi siempre con algunas variaciones; de ahí que en el mundo de las apariencias no existen dos cosas o fenómenos exactamente iguales.

---

[292] *El mundo del budismo tibetano*, 1998, p. 132.

[293] *El arte de vivir en el nuevo milenio*, 2000, p. 46.

[294] *Más allá de los dogmas*, 1994, p. 253.

El concepto de verdad absoluta, como identidad de la vacuidad, está muy bien expresado en el famoso *Sutra de la prajnaparamita* (Sutra de la perfección de la sabiduría),[295] donde el Buda afirma que todos los objetos y fenómenos carecen de naturaleza propia o de existencia intrínseca, de lo cual se sigue que es la naturaleza de la interdependencia la que define la realidad.[296]

La doctrina de la vacuidad, de la verdad absoluta, precisa la esencia de la sabiduría budista: constituye la base sustantiva de las prácticas de la verdad y es la manera como se puede conocer la verdad de las cosas, que se logra tanto a través de la meditación como por el análisis profundo de la naturaleza de los objetos y fenómenos. La acumulación y la preparación, que es lo que significa el mantra de "Gate gate paragate parasmagate bodhi soha" el cual cierra el Sutra de la perfección de la sabiduría, procura llevar la visión más allá de las apariencias y fijarla en la vacuidad,[297] como con-

---

[295] Este sutra no sólo es uno de los más conocidos en el budismo, sino uno de los más bellos ejemplos de la sabiduría y la compasión escritos prácticamente en una página. Entre sus oraciones más importantes están las siguientes: "Sariputhra, cualquier hijo de noble linaje que desee adiestrarse en la práctica de la Perfección Profunda de la Sabiduría, deberá hacerlo así: aprendiendo los cinco agregados como vacíos de sí mismos. Forma es vacuidad, vacuidad es forma. Vacuidad no es más que la forma y forma no es más que vacuidad... Asimismo [...] todos los fenómenos son vacíos, carecen de características diferenciadoras, no son producidos, ni cesan; no son impuros, ni inmaculados; ni deficientes, ni completos [...] Por lo tanto, debe conocerse el mantra del *Prajnaparamita*, como el mantra del gran conocimiento, el mantra supremo, el mantra inigualable, el mantra que calma todo sufrimiento, la Verdad, porque carece de error". Este sutra se puede encontrar en muchas páginas budistas en Internet; entre otras, www.librosbudistas.com.

[296] *Compasión y no violencia*, 2001, p. 117.

[297] *Un acercamiento a la mente lúcida*, 1994, p. 191.

dición *sine qua non* para erradicar las perturbaciones mentales y las aflicciones emocionales, en suma, para manifestar las cualidades de una mente de iluminación, de bodhichitta.

En resumen, la mente puede percibir una apariencia de manera correcta si y sólo si comprende que esa forma es relativa y convencional, y que el objeto y fenómeno así considerados no son entidades dadas por sí mismas ni independientes, ni mucho menos estables, sólidas y concretas. Cuando los sentidos humanos se acercan a los objetos y fenómenos lo hacen bajo el dominio de las apariencias; en consecuencia la percepción con los objetos y fenómenos resulta problemático y en la mayoría de los casos confuso, pues es una interacción sujeta a múltiples errores, ilusiones y engaños. Por esta razón, el Dalai Lama recita públicamente y con frecuencia el poema de Nagarjuna, que dice:

> *Cuando más lejos estamos del mundo más real nos parece.*
> *Cuando más nos acercamos, menos visible es.*
> *Y, como un espejismo, se queda sin signos.*[298]

La idea de la verdad es clara: todo aquello que se produce en interdependencia, que se da por causas y condiciones, no puede existir por esencia, aunque así aparezca en una primera instancia en la mente. Ésta se engaña porque aquello que así se produce y todo aquello que así existe está vacío de sustancialidad, es vacuidad por naturaleza, porque depende de otras cosas.[299]

Pero una mente intoxicada tampoco puede averiguar correctamente la forma de las apariencias, mucho menos el modo último de ser de los objetos. La verdad relativa, la apa-

---

[298] *La fuerza del budismo*, 1995, p. 111.

[299] *Pacificar la mente*, 2000, p. 146.

riencia que asume formas convencionales, son objetos que se encuentran en la conciencia contaminada de cualidades impuestas por el estado mental mismo: si hay deseo y apego, esas cualidades asumen formas positivas y hasta bondadosas; en cambio si hay aversión y rechazo esas cualidades asumen forman negativas, malsanas. Cuando eso sucede se hace presente la verdad relativa (*santisatya* en sánscrito). Pero cuando la mente se encuentra purificada, entonces se identifica con la verdad absoluta, con la naturaleza última (*paramartasatya* en sánscrito) de los objetos y los fenómenos.[300]

Aquello que existe siempre está en una relación de dependencia de algo, de ahí que no existe por esencia o por sí mismo. No es que la "cosa" no exista en absoluto, sino que lo hace por medio de otros objetos y fenómenos.[301] Así, la producción interdependiente trata de la existencia relativa que a su vez está en función de los vínculos de causas y condiciones. Y, como lo afirma el Dalai Lama, "Lo que existe de forma relativa está vacío de existencia absoluta. Por tanto no hay una realidad que exista de forma absoluta".[302]

Liberarse de los campos existenciales samsáricos, es decir, de estados mentales caracterizados por dukha, implica asimilar la enseñaza de la verdad relativa (convencional) y la verdad absoluta (real) para destronar, de manera definitiva, la ignorancia que poseemos sobre el mundo. Se trata de abandonar, por medio la meditación profunda de la vacuidad, la forma errónea de comprender los objetos y fenómenos, pues ello hace creer en la existencia sólida de las cosas, y precisamente esa "solidez" sustenta las emociones de

---

300 *Un acercamiento a la mente lúcida*, 1994, p. 220.

301 *Pacificar la mente*, 2000, p. 94.

302 *Ibídem*, p. 160.

apego y aferramiento, toda vez que la conciencia no se puede apegar a nada que no sea concebido como concreto. Tampoco las personas pueden generar aversión y rechazo a algo que no asuma una forma autónoma, sólida y realmente existente.[303]

De esta manera, los objetos y fenómenos surgen como resultado de muchos factores; su existencia convencional proviene de la identidad que la mente le asigna a cada uno de sus elementos.[304] De ahí la prioridad de conocer, diagnosticar y rediseñar los procesos de las acciones mentales que a su vez determinan la dirección y la calidad de las acciones verbales y físicas.[305] Las pulsaciones de los estados mentales, que dependen de los pensamientos y emociones, determinan la manera de actuar y comportarse en el mundo.

Al confundir la verdad relativa con la verdad absoluta y no poder diferenciarlas, la mente cae con facilidad en perturbaciones y aflicciones que hacen que todo se observe de manera errónea e ilusoria. Es así como se crea un mundo lleno de acciones dañinas, carentes de amor, compasión, gozo y ecuanimidad. La felicidad se aleja, el sufrimiento se recrea; las personas se apartan cada vez más de la liberación y del nirvana. Al "comprender sunyata nos da al menos una especie de sentido positivo de la extinción [...] resulta evidente que el sufrimiento no es definitivo y que hay alternativa. Si hay alternativa, merece la pena hacer un esfuerzo".[306]

---

[303] *Más allá de los dogmas*, 1994, p. 61.

[304] *Las cuatro nobles verdades*, 2002, p. 89.

[305] *Un acercamiento a la mente lúcida*, 1994, p. 171.

[306] *El poder de la compasión*, 2001, p. 58.

6

El largo camino de Buda

La importancia de la práctica espiritual

El budismo propone reestructurar la manera en que la mente observa la realidad. Para tal propósito la clasificación de esa realidad en sus tres sellos, impermanencia, insatisfacción y vacuidad, constituye su piedra angular. Se sufre porque no se acepta ni asimila estos sellos. Los cinco agregados que conforman la vida humana (forma material, sensaciones, percepciones o formaciones mentales, volición o voluntad de acción y conciencia) definen el modo de ser real de las personas; aquí poco importa su apariencia o identidad, sino el modo en cómo reaccionan frente a diversas circunstancias y situaciones.

El primer agregado humano es la forma material que se desenvuelve por medio de los cinco elementos de la naturaleza: agua, que representa la cohesión de partículas materiales; fuego, que manifiesta el calor en todo ser viviente; tierra, que simboliza la solidez; aire, que hace visible los estados de vibración de toda forma material e inmaterial y; espacio, que ofrece las coordenadas para que los cuatro elementos antes descritos se desenvuelvan. Todo cuerpo sintiente experimenta estos cinco elementos. Las sensaciones, segundo agregado, como se ha visto, son de tres tipos y cada una de ellas genera una actitud sustancial en los individuos: sensaciones agradables producen apego y adhesión; sensaciones desagradables generan aversión y odio y las sensaciones neutras originan indiferencia.

Dadas sus características, las sensaciones se convierten en la base de los tres venenos: apego, aversión e ignorancia. De las sensaciones surgen las percepciones, tercer agregado, que forman juicios a partir de los seis sentidos: formas, sonidos, olores, sabores, objetos y pensamientos. De la combinación reactiva entre las sensaciones y las percepciones surge la volición como cuarto agregado del ser humano, que sustenta la fuerza de la motivación de las acciones mentales, verbales y corporales que son de tres tipos: sanas o positivas; insanas o prejuiciosas y neutras, sin efecto significativo alguno. Por último, el quinto agregado es la conciencia que responde a la calidad de las percepciones: visual, auditiva, olfativa, gustativa, táctil y pensamientos. Esta conciencia se desenvuelve en tres niveles: la conciencia burda (cotidiana), la semisutil (de reflexión) y la sutil (la mente de luz clara)

La pesadilla del samsara tiene sus gigantes cimientos en los hábitos de pensamiento y modelos mentales que los individuos han creado para responder, de modo seguro y preestablecido, a los estímulos del mundo externo e interno. Consiste fundamentalmente en asignar un estatus de solidez y permanencia a los objetos y fenómenos. Cuando se asume el deseo de posesión, se cree que una cosa puede ofrecer felicidad por sí misma, nace la avidez del deseo, y de ésta surgen el apego y el aferramiento.

El apego funciona en la mente porque ésta produce el pensamiento de que existe una realidad objetiva, perenne e inherente. Pero como todo es fluido e impermanente, al apego se le escapa toda realidad deseable: ésta es la base de dukha, o sea, el sufrimiento por la insatisfacción. Estas emociones perturbadas, que se presentan precedidas de cientos de pensamientos erróneos e ilusorios, manifiestan los pensamientos negativos posteriores a la frustración y a las aflicciones emocionales, como la angustia, la tristeza y la depresión por no ver realizados los deseos nacidos de la avidez del apego.

Las perturbaciones mentales y las aflicciones emocionales contaminan la naturaleza más sutil de la mente misma, que es la de reflejar la luz clara; o sea, interfieren en el conocimiento puro y en la infinita bondad de los seres conscientes. Para que la mente sutil pueda surgir y permanecer en la existencia cotidiana, tiene que deshacer las capas de contaminantes que ha acumulado por el karma generado y por la manera negativa que responde a las experiencias del sufrimiento y del dolor. Por tanto, para superar la pesadilla del samsara se requiere, entre otras cosas, eliminar las perturbaciones mentales que oscurecen la verdad relativa y la verdad absoluta de las cosas, generar estados continuos de paz interna y ecuanimidad, y dejar las actitudes asumidas por los impulsos destructivos del apego y la aversión.

Para superar los tres venenos deben utilizarse antídotos. A los estados de ignorancia y confusión mental se les aplica el antídoto de la sabiduría sobre la vacuidad, comprendiendo que el todo se forma de agregados o partes, que más allá de las partes no existe nada, no hay realidad por sí misma, ni existencia de esencia alguna, ni existencia sólida e independiente. Lo que existe es vacuidad y relaciones de dependencia, de causas y condiciones.

El mejor antídoto contra el odio lo conforman el amor y la compasión, que responden a la empatía, "estar en lugar del otro"; para ello se requiere dejar de creer en la existencia de un yo cimentado en el ego, y cultivar la ecuanimidad como una disciplina para evitar exagerar las virtudes en el caso del apego, o las disonancias en el caso de la aversión.

Por último, contra el apego no hay mejor antídoto que asumir vivencialmente los tres sellos de la realidad, los cuales determinan que ésta es impermanente, inestable e insegura; que posee de manera manifiesta y latente una gran capacidad de dukha, de desajustar el estado mental en relación con la realidad, y por tanto de establecer una distancia entre las personas y las cosas (entre más distancia se crea, más sufrimiento se experimenta); y que la realidad es vacuidad, su esencia no es como aparece; por más que lo deseemos nada es sustancial, nada se da por sí mismo.

El camino espiritual budista transita sobre estas propuestas, de ahí que sea un camino largo y lento, propuesto por el Buda hace más de 2 500 años. Pero es un camino que ofrece refugio, amor y sabiduría, y que, como dice el Dalai Lama, vale la pena intentarlo una y otra vez en esta vida y en todas las que vengan.

El sendero de Buda parte de diagnosticar y evaluar las acciones mentales. Se inicia con una simple toma de conciencia radical y definitoria: no se puede alcanzar una vida satisfactoria manteniendo actitudes de codicia, ya que la producción de deseos apropiatorios nunca termina, pues el mundo percibido es infinito. Al no poder lograrse la satisfacción de manera permanente se produce un grave distanciamiento entre la realidad y las falsas expectativas: al crecer ese distanciamiento aumentan las perturbaciones mentales y las aflicciones emocionales por no poder conseguir lo que se quiere, es decir, al no realizar los deseos de apropiación y de identidad que surgen con el apego.

Por lo común los deseos codiciosos se reflejan en los hábitos mentales o conjunto de pensamientos involuntarios que se enganchan en un proceso legítimo y sensato de tener y expresar los deseos; la sociedad moderna premia y estimula esos deseos no sólo de un consumo desmesurado, sino en signos de identidad que hay que poseer (autos, tarjetas de crédito, viajes, etcétera), ya que sólo así una persona logra el reconocimiento y la "seguridad" de su *statu quo*. Por eso, los pensamientos involuntarios egocéntricos y errantes conforman el dispositivo emocional más socorrido en el campo del samsara.

Dado que la lógica de los tres venenos tiene su origen en la mente, es ahí donde hay que fijar la atención en la práctica espiritual. Las acciones emocionales (el conjunto de sensaciones, percepciones, pensamientos y emociones) determinan la cantidad y la calidad de las acciones verbales (aquellas que se hacen con el discurso privado y público) y de las acciones corporales (las que se hacen con movimientos del cuerpo o con una maquinaria que se moviliza al impuso de una orden que termina en una acción física). Por lo tanto, para la doctrina budista –y esto nos lo recuerda constantemente en sus conferencias el Dalai Lama– el camino espiritual se encauza en disciplinar y controlar la mente para liberar las fuerzas de la bondad y la sabiduría residentes en ella. Se trata de rediseñar –ésa es la palabra que usa el Dalai Lama– la mente para cultivar sensaciones objetivas, pensamientos bien intencionados y emociones positivas y creativas; en pocas palabras, practicar acciones verbales cariñosas y acciones físicas que construyan la paz y la felicidad de todos.

En función de este objetivo –lograr la paz y la felicidad de todos– se parte de una premisa sustantiva: "los seres humanos somos seres sociales",[307] pues venimos y estamos en el mundo en donde interactuamos con muchas personas. Vivimos debido a la dependencia en relación con los demás; siempre en cualquier acto que realizamos, existe un beneficio generado por las acciones materiales, económicas, políticas, religiosas o culturales de los demás. No importa, sostiene el Dalai Lama, si esos actos nos son gratos o no; el hecho es que existen y gracias a ellos existe uno. Por tanto, los estados de felicidad verdadera y duradera surgen en las relaciones con el prójimo.

El budismo tibetano cuenta con un método que consiste en realizar un ejercicio meditativo llamado *lo-jong*; se trata de superar básicamente, a través de un adiestramiento mental, el aferramiento a una identidad yoica sólida y ególatra. Se sabe que las actitudes ególatras impiden producir estados de empatía hacia las necesidades y deseos de los demás, y que la persona tiende a encerrarse en su pequeño y adolorido mundo.[308] Con el adiestramiento de lo-jong se procura transformar el egoísmo en altruismo utilizando el mecanismo de ponerse en el lugar de los demás, ubicarse en una nueva escala de base, redefinir al enemigo como un maestro de la paciencia y la tolerancia, como se verá más delante, y transformar el sufrimiento y el dolor en bondad y compasión hacia los otros (vea el anexo tercero).

---

[307] *El arte de vivir el nuevo milenio*, 2000, pp. 70-71.

[308] *El mundo del budismo tibetano*, 1998, p. 67.

De hecho, la meditación lo-jong, que privilegia y practica cotidianamente el Dalai Lama, propone que nosotros mismos nos veamos como entes distantes y separados de los demás; es un esfuerzo emocional y analítico para disolver esa teórica distancia pues en todo ser humano existe la naturaleza instintiva de proclamar el derecho natural de conseguir la felicidad y evitar el sufrimiento.[309]

Se ha insistido en que el apego, la estimación propia y el aferramiento al yo provienen de una concepción engañosa de la verdadera existencia de los objetos y fenómenos; en otras palabras, se trata de un estado mental de ignorancia que interpreta de manera distorsionada la naturaleza real de los fenómenos,[310] que propicia que el estado de ánimo habitual sea de confusión, miedo y ansiedad. Se desarrolla así una actitud de separación y distanciamiento con las otras personas, toda vez que pueden considerarse entes que amenazan la estabilidad y seguridad del yo: el corazón se enfría y la mente se estrecha a los rincones de los intereses privativos del yo.[311]

De la separación nace el mundo de los amigos y el de los enemigos. A los primeros se les otorga un desproporcionado sentido de afecto y a los segundos se les confiere antipatía y odio. Las dos son reacciones emocionales afligidas, consecuencia de prejuicios e ilusiones: creemos que los amigos son fuente de felicidad y seguridad, y los enemigos de sufrimiento y amenaza. Sin embargo, como son figuras temporales, los amigos se pueden convertir –a veces con mucha facili-

---

309 *Ibídem*, p. 98.

310 *El camino del gozo*, 2001, p. 128.

311 *El buen corazón*, 2000, p. 58.

dad– en enemigos, y éstos, quizá no con tanta facilidad, en amigos. Por tanto, no son categorías definitivas como cree la mente contaminada.

Para superar esta forma de dividir el mundo de las relaciones sociales se requiere sabiduría, ya que impide superponer cualidades tanto positivas para los amigos como negativas para los enemigos, o, como dice el mismo Dalai Lama, hacia los "objetos de bondad o maldad más allá de lo que realmente existe y, de este modo, podemos detener el deseo y el odio".[312] Por eso la sabiduría fomenta la comprensión de que los objetos "de bondad y maldad" no tienen existencia inherente. Si se acompaña la visión sabia de la vacuidad con el despliegue de la compasión hacia los demás entonces se empieza a recorrer un sendero espiritual hacia una mente clara y luminosa.

En esta propuesta, resulta decisivo comprender que el trabajo espiritual en y con la mente únicamente se puede consolidar si la conciencia logra la atención plena de lo que está sucediendo momento tras momento. La atención, o enfoque de concentración mental (*samatha*), elimina las percepciones erróneas y rompe definitivamente el vínculo que existe entre la primera impresión sensorial y la inmediata tendencia de la mente a etiquetar y reaccionar a ella bajo el esquema de los hábitos aprehendidos y de los patrones mentales experimentados.

De hecho, el progreso espiritual se valora en la medida en que el mundo se comienza a dejar de ver a través del prisma de las categorías de las perturbaciones mentales, de las aflicciones emocionales y, más particularmente, de los reflejos

---

[312] *Un acercamiento a la mente lúcida*, 1994, p. 133.

habituales. La atención plena, entonces, permite a la persona despojarse de los hábitos automáticos y de los patrones mentales de pensamientos.[313]

En términos de la normalidad cotidiana no iluminada, a los enemigos suele identificárseles como causantes de nuestro sufrimiento.[314] Sin embargo, el enemigo es un estado mental interno; puede haber gente que haga daño y maltrate a otros, pero el sufrimiento nace sobre todo de la respuesta que se deriva de esas acciones. Obviamente no se trata de "tolerar" esas acciones de explotación y dolor, sino de tener la capacidad de reaccionar frente a ellas con una mente fuerte y ecuánime. En este sentido, la doctrina budista enseña que el "enemigo" se convierte en la oportunidad para practicar la paciencia y desarrollar los ideales del bodhisattva, es decir, encauzar las acciones mentales, verbales y corporales al cultivo de la práctica espiritual para el logro de la iluminación y para la ayuda correcta y sabia a los demás.

La compasión y el cariño hacia los adversarios y enemigos concurren en el desarrollo de la fortaleza interna y la disciplina de una mente. En este sentido el Dalai Lama expresa que "Contemplándolo así, mi enemigo es mi verdadero amigo".[315] Clasificamos a una persona como enemiga porque de una u otra manera nos causa daño a nosotros mismos o a los seres que estimamos.[316] Pero sólo cuando surgen experiencias desagradables debido a los conflictos con los demás, podemos adquirir fortaleza y conocimiento. De ahí que para el Dalai Lama, la práctica de la paciencia con el

---

[313] *Emociones destructivas*, 2004, p. 225.

[314] *Con el corazón abierto*, 2003, p. 80.

[315] *Conversaciones con el Dalai Lama*, 2005, p. 128.

[316] *Mundos en armonía*, 2001, p. 180.

enemigo no tiene que ver con la religión sino con la supervivencia.[317]

Otra forma de tratar con el enemigo consiste en enfocar la mente en sus buenas cualidades, tratando de desarrollar respeto y simpatía por él o ella, pues como, se sabe, todo ser humano tiene muchos aspectos en su personalidad, y no sólo aquellos que se ven con los "lentes relativistas" del apego o de la aversión. Cuando surge la ira o el odio, la mente sólo ve las partes negativas, nefastas y desagradables del enemigo,[318] de ahí que esta limitación de la perspectiva debe ser superada con la visión amplia de la atención espiritual.

Ahora bien, cuando el Dalai Lama indica que se debe cultivar la paciencia y aceptar las condiciones adversas, esto no significa fracasar, ser vencidos o permitir que otros produzcan dolor. El propósito de la paciencia está en función de "fortalecer la mente y el corazón".[319] También sirve para mantener en calma la mente cuando existen esos enfrentamientos con el enemigo o, cuando, como sucede siempre, tenemos que enfrentar circunstancias negativas o situaciones problemáticas, accidentales y emergentes.

Por eso, en la práctica del sendero espiritual budista se usa tanto el cerebro como el corazón. Con base en la ética (*shila*) se cultivan las cualidades de un corazón cálido y suave; y complementariamente se utiliza el razonamiento y la lógica a fin de reforzar la inteligencia y la sabiduría (vipassana). Se trata pues, como señala el Dalai Lama, de la "necesaria combinación de la mente y el corazón".[320]

---

[317] *Compasión y no violencia*, 2001, p. 146.

[318] *Ibídem*, p. 42.

[319] *Océano de sabiduría*, 2000, p. 37.

[320] *La política de la bondad*, 2001, p. 86.

Para recorrer este largo camino espiritual, el budismo propone el desarrollo de las llamadas "10 perfecciones": generosidad, virtud, renunciación, sabiduría, determinación, energía, paciencia, sinceridad, benevolencia y ecuanimidad.[321] Estas perfecciones tienen la finalidad de proponer una forma de vida completamente diferente de la que prevalece cuando las perturbaciones y las aflicciones rigen la existencia. Liberar la mente de la oscuridad y de la ignorancia se logra por medio de la visión correcta de las cosas, apreciando tanto la apariencia como la insustancialidad de las cosas como formas naturales de la existencia: forma es vacuidad, vacuidad es forma. En el sendero espiritual que propone el budismo, la fórmula para alcanzar este objetivo es la práctica de la meditación y de la satisfacción o aceptación de las "cosas tal y como son".

En el sistema de pensamiento budista se suele hablar de los tres grades adiestramientos como parte del sendero espiritual. Primero: establecer normas éticas de conducta con la finalidad de no hacer daño y evitar todo sufrimiento a uno mismo y sobre todo a los demás. Segundo: practicar la concentración y meditación en objetos virtuosos así como la apertura mental o flexibilidad para dar luz a los objetos del pensamiento y sensibilidad al flujo de las energías sensitivas y emocionales que surgen por el contacto con el mundo externo y el interno. Y tercero, aplicar la sabiduría, comprendida como la capacidad de ver las cosas tal y como son y de

[321] *El ojo de la sabiduría*, 2001, p. 153. En pali, que es un idioma que antecede al sánscrito serían: *dana* (generosidad), *sila* (virtud), *nekkhamma* (renunciación), *pañña* (sabiduría), *adhitthana* (determinación), *viriya* (energía), *khanti* (paciencia), *sacca* (sinceridad), *metta* (benevolencia) y *upekkha* (ecuanimidad).

acuerdo con la observación objetiva, transparente y ecuánime de las circunstancias y hechos de la vida.

Los tres adiestramientos también hacen referencia a las tres grandes divisiones de la doctrina budista: disciplina moral, el conjunto de discursos de Buda y el conocimiento de la verdad relativa y la verdad absoluta.[322]

En términos estrictos, los diez adiestramientos responden a los tres grandes bloques en que tradicionalmente se divide el estudio y la práctica del budismo. Las prescripciones y exhortaciones del Buda referentes a los modos de conducta y las restricciones respecto a las acciones mentales, verbales y corporales están expresadas en el *Vinaya Pitaka*, que corresponden más o menos a la escuela Hinayana (ética y moral).

Por su parte, los discursos de Buda para sus discípulos, tanto monacales como laicos, se reunieron en el *Suttanta Pitaka*, que contiene los llamados sutras o suttras, que constituyen un pilar sustantivo en las escuelas budistas mahayanas (compasión y sabiduría). Y, por último, el *Abhidamma Pitaka*, que describe los aspectos filosóficos, abstractos y más elevados de las enseñanzas del Buda, y que ha sido cimiento de las escuelas vajrayanas o tántricas del budismo (trascendencia y transformación).

El deseo de que todo ser vivo sea feliz y supere las causas del sufrimiento se encuentra principalmente en la disciplina budista de la compasión; aunque ello no quiere decir que la ética o la trascendencia no tengan también un papel central. La compasión y el amor constituyen, como lo dice el Dalai Lama, una actitud insólita en la época moderna dominada por el individualismo extremo y por un mundo envuelto en competencias ególatras, explotación de las mayorías por las

---

[322] *El mundo del budismo*, 1998, pp. 18-19.

minorías y por la grave destrucción del medio ambiente y social. La preocupación que surge por aliviar el sufrimiento de los demás alienta acciones en este sentido.

Reconocer el sufrimiento de los demás es el primer paso del cultivo de la compasión; el segundo consiste en llevar a cabo acciones que logren garantizar un estado de felicidad y encontrar el lado agradable de las personas y disminuir el dolor de las situaciones vitales como las enfermedades, las pérdidas y los desencuentros; es algo así como el amor que la madre siente por su hijo,[323] afirma el Dalai Lama; en eso estriba la compasión, el aspecto más bello de la práctica del sendero espiritual budista.

La estrella que todo lo ilumina: la compasión

La compasión es la actitud más profunda e iluminada que una persona puede ofrecer a todos los seres animados, sintientes. Además, sus resultados tienen "efectos de bumerán", pues cuanto más se hace en beneficio de los otros, más se enriquece la vida de quien lo practica. Como señala el Dalai Lama, medio en broma y medio en serio: hay que ser "egoístas inteligentes" y cultivar la compasión, pues así saldremos beneficiados; aquí la inteligencia sirve para disciplinar y controlar las actitudes generadoras de conflictos y sufrimientos.[324] En cambio, si andamos por la vida perjudicando a los demás, cualquiera día tendremos grandes problemas.

Es importante comprender que la compasión se refiere básicamente a la actitud que procura, por medio de los pensamientos, de las palabras o de las acciones físicas, que las

---

323 *Un acercamiento a la mente lúcida*, 1994, p. 38.

324 *Las cuatro nobles verdades*, 2002, p. 120.

demás personas dejen de sufrir. Se encuentra estrechamente ligada al cultivo de la paciencia y de la tolerancia, no como estados de aprobación cuando alguien ofende o hace daño, sino como una postura consciente y voluntaria que "adopta uno de no tomar represalias contra la persona que nos ha ofendido. Es un estado activo, más que de mansedumbre, y en algunos casos, ciertas acciones u ofensas realizadas por los demás pueden requerir fuertes medidas de represión".[325]

Para el Dalai Lama la verdadera compasión no es sólo una respuesta emocional frente al sufrimiento de los demás, sino también un firme compromiso con la lógica y la razón. Es tan sólida, que la actitud compasiva no cambia aunque la respuesta de los otros sea negativa, crítica o violenta. La auténtica compasión se enfoca en las necesidades de otra u otras personas, independientemente de que éstas sean amigos, enemigos o extraños. La compasión budista desea la paz y la superación del sufrimiento a todo ser humano y animal, tratando de comprender las causas que no permiten ser felices a los demás y eliminándolas.[326]

En términos sencillos, la compasión puede definirse también como el conjunto de pensamientos y sentimientos que dan lugar a los estados emocionales más duraderos y profundos del ser humano como la esperanza, la valentía y la fuerza interior.[327] Si se le suma a la compasión el cultivo del amor, entonces se logra un gran paso para dar un significado sagrado a la vida.

En capítulos anteriores señalamos que las perturbaciones mentales y aflicciones emocionales obstaculizan las manifes-

---

[325] *Compasión y no violencia*, 2001, p. 124.

[326] *Con el corazón abierto*, 2003, p. 29.

[327] *Ibídem* p. 26.

taciones de la bondad humana, lo cúal produce un estado de constante insatisfacción y de sufrimiento.[328] La pesadilla del samsara únicamente puede ser anulada o disminuida, cuando ponemos en práctica las cualidades espirituales más representativas de la paz interna, la compasión (*karuna* en sánscrito y *nying je* en tibetano) y el amor (*metta*) que requieren cimentarse en la paciencia (*sö pa* en tibetano), como una actitud capaz de soportar con la misma actitud y ecuanimidad diversas circunstancias, tanto agradables, cuando somos felices, como desagradables, cuando sufrimos.[329]

En la tradición budista que sigue el Dalai Lama se recurre cotidianamente a una técnica milenaria para cultivar la compasión: "La compasión de los siete puntos", que engloba diversas metodologías y representa una de las más elevadas formas sistemáticas del adiestramiento espiritual:

> *Primer punto:* reconocer que todos los seres sintientes (humanos y animales) han sido nuestras madres en vidas pasadas.[330]
>
> *Segundo punto:* reflexionar sobre la bondad de los otros; gracias a ello se tiene qué comer, qué vestir, nos dieron educación, cuidados y en general, se vive gracias a la bondad anónima de cientos de personas. Nos cuidaron cuan-

---

[328] *Transforma tu mente*, 2001, p. 2001.

[329] *El arte de vivir en el nuevo milenio*, 2000, p. 109.

[330] Al respecto el Dalai Lama admite que es muy difícil pero también dice: "Ésa no es razón para no contemplar a todos los seres como si fueran nuestra madre... ¿Y por qué deberíamos hacer tal cosa? Porque el hecho de considerar a un individuo como si fuera nuestra madre evoca naturalmente el sentimiento de afecto, aprecio, amabilidad y gratitud". *Emociones destructivas*, 2005, p. 357.

do éramos pequeños y de viejos, seguramente habremos de tener apoyos para transitar esa fase de la vida.

Tercer punto: compensar todo lo que hemos recibido, sería casi imposible pues seguramente hemos recibido mucho más de lo que hemos dado. Ahora es tiempo de regresar la bondad a los demás.

Cuarto punto: cultivar la meditación sobre el amor para incrementar el deseo de que todo ser viviente logre reconocer y producir las causas y condiciones que generan los estados de felicidad duraderos y permanentes.

Quinto punto: cultivar la meditación sobre la compasión para aumentar la capacidad de reconocer las causas y condiciones que producen los estados de insatisfacción y dolor en los seres animados.

Sexto punto: generar una responsabilidad universal en cuanto a rechazar la violencia y la destrucción como mecanismos de resolución de los problemas humanos.

Séptimo punto: desarrollar la bodhichitta; es decir, labrar un estado mental que procura la consecución de la iluminación para de esta manera poder ayudar correctamente a los demás.[331]

Esta meditación no sólo tiene el objetivo de desarrollar la compasión hacia los seres vivientes, sino que también protege frente a la posibilidad de confundir ciertos apegos "amorosos" con la verdadera compasión. El apego amoroso, por ejemplo el que a veces se tiene por los hijos o por la pareja,

---

[331] *Transforma tu mente*, 2001, p. 78.

implica ciertamente un alto grado de proximidad, pero como proyección de uno mismo. Así se explica cómo un pareja puede tener muchas cualidades negativas, pero debido al apego amoroso aparecen como cualidades agradables y positivas. También ocurre que la persona tenga alguna cualidad positiva, pero el apego la hace ver como algo extraordinaria.[332]

Por tanto, debe distinguirse el apego de la compasión; ambos tienen un objeto querido, pero la gran diferencia es que el primero tiende a producir consecuencias negativas y diversos conflictos; en cambio, la compasión sólo puede producir efectos positivos, benevolentes. Las diferencias se reflejan de manera contundente en sus resultados.[333]

Ahora bien, los hábitos de pensamientos negativos se pueden convertir en positivos. Este cambio sólo se puede dar si de la mente salen los primeros y en su lugar quedan los segundos; recordemos que dos pensamientos opuestos no pueden existir al mismo tiempo en la mente. Ampliar la presencia de los pensamientos de preocupación por el bienestar de los demás hace disminuir la presencia de los pensamientos egoístas y afligidos.[334] En este sentido la disciplina y la ética coadyuvan a cultivar la compasión cuando construyen límites a las repercusiones de las acciones realizadas. De hecho, para el budismo es la práctica de la ética el punto de arranque del sendero del desarrollo espiritual.

Desde el punto de vista ético, hay dos tipos de compasión: el anhelo o buen deseo de que los seres sintientes no padezcan sufrimientos, y el compromiso –y la responsabili-

---

[332] *La política de la bondad*, 2001, pp. 122-123.

[333] *El poder de la compasión*, 2001, p. 16.

[334] *El arte de vivir en el nuevo milenio*, 2000, p. 129.

dad– de liberar a todo ser sintiente de las causas y las condiciones que generan su sufrimiento, malestar y desdicha.[335]

Para desarrollar este compromiso y fortalecerlo, el budismo que practica el Dalai Lama cuenta con una herramienta que se llama "Igualarse uno mismo en los demás". Significa que el lógico y natural deseo de felicidad y dicha que se pretende para uno mismo, se reproduzca de manera ampliada en los demás.[336] Por eso, para la práctica budista Mahayana el contribuir responsable y activamente al bienestar de los demás, implica adoptar el principio de respetar las necesidades de los demás, antes que las de uno mismo.[337]

En la mayoría de las religiones, y para la doctrina budista en particular, este ideal de servir desinteresadamente a los demás se convierte en un principio espiritual, en el sendero. El Dalai Lama lo dice de forma clara y contundente: "Estoy convencido de que la utilización adecuada del tiempo consiste en servir a otras personas, a otros seres sensibles [...]. Creo que ésa es toda la base de mi filosofía".[338]

La compasión se convierte así en la estrella que todo lo ilumina. Sin esa actitud no habría mucha esperanza ni cabida para la paz y la concordia; y ni siquiera existiría la posibilidad de llevar a cabo actividades y planes para superar las causas del dolor humano como la miseria, la hambruna, la falta de vivienda digna, la falta de educación y la salud, y la superación de la violencia y la impunidad.

---

[335] *El poder de la compasión*, 1999, p. 50.

[336] *El mundo del budismo tibetano*, 1998, p. 97.

[337] *El buen corazón*, 2000, p. 95.

[338] *El arte de la felicidad*, 2000, p. 64.

La compasión representa la actitud más elevada en cuanto considera a los demás como lo más importante y vital de la existencia, por eso se asocia con un gran sentido de compromiso y responsabilidad.[339] También es cierto que el interés por el bienestar de los demás provoca estadios de paz y alegría en el corazón, pues el olvido de sí mismo, o sea, dejar de pensar en las exigencias del yo y el ego en la vida cotidiana, crea una atmósfera de calma y tranquilidad: la ausencia del yo debido a la presencia de los demás le da a la compasión su verdadero valor. En pocas palabras, "debería quedar claro que un corazón benévolo y una actitud compasiva constituyen los fundamentos de la felicidad, tanto para los demás como para uno mismo, ahora y siempre".[340]

El estado mental que más frena el cultivo de la compasión y del amor hacia los demás es la actitud auto protectora, que pone énfasis en la existencia de un ego sólido e inmutable. La empatía para con los otros limita drásticamente la visión de los deseos, preocupaciones e intereses egocéntricos.[341] De ahí el cuestionamiento del yo por parte del budismo, pues lo considera el principal obstáculo para generar y desarrollar la compasión, único factor que puede construir bases firmes y las condiciones propicias para la felicidad y la satisfacción.

Desgraciadamente, la actitud emocional e intelectual de la compasión, entendida como aquel esfuerzo que se hace para liberar a los seres del sufrimiento sin distinción de sexo, raza, clase social o clasificación de amigo, enemigo o extraño, no se nos da de manera natural y espontánea en la mayoría

---

339 *Ibídem*, p. 105.

340 *La meditación paso a paso*, 2001, p. 51.

341 *Ibídem*, p. 86.

de las personas, porque la mente, con tantos años y vidas pasadas viviendo experiencias negativas de apego, aversión e ignorancia, se encuentra prácticamente secuestrada por los hábitos y patrones mentales perturbados y afligidos. De ahí nace la necesidad de establecer mecanismos conscientes que cultiven la compasión, sacudiendo de la mente las actitudes negativas. Para eso se recurre a la meditación budista, así como al estudio y mantenimiento de la lucidez mental. La actitud compasiva, dice el Dalai Lama, debe sostenerse no sólo en las sesiones de meditación, sino también cuando se anda, cuando se trabaja, cuando se duerme; en pocas palabras, en toda ocasión y circunstancias.[342]

Para desarrollar una actitud firme y sostenida de compasión es necesario entender que la ley de la interdependencia, que explica las causas del sufrimiento y de la felicidad, somete todo a las relaciones de interconexión desatando una reacción en cadena. Por tanto, para el logro de estados de satisfacción y gozo, se requiere aceptar conscientemente la dependencia de múltiples factores. La mente requiere enfocar su atención en todos aquellos objetos y fenómenos que están en juego en la escena de las experiencias. Comprender estos elementos prácticos y teóricos ensancha la percepción y la orienta hacia los sentimientos, emociones y actitudes de los demás, fomentando así la compasión y el amor.[343]

Para romper los estrechos márgenes del egocentrismo y acortar las distancias entre el yo y los demás se tienen que desarrollar actitudes de desapego,[344] que es una profunda ex-

---

[342] *La meditación paso a paso*, 2001, p. 63.

[343] *Compasión y no violencia*, 2001, p. 38.

[344] *Con el corazón abierto*, 2003, p. 41.

periencia que permite sostener las bases para una compasión universal no discriminatoria hacia todo ser sintiente.

La compasión es asimismo una de las actitudes más propicias para establecer buenos estados de salud física, moral y social. Se sabe, por múltiples investigaciones médicas y psicosociales, que las actitudes de compasión producen estabilidad mental y un bienestar físico considerable. En cambio, los estados de aprensión, de aflicciones y sufrimiento tienden a generar enfermedades mentales y crear ambientes hostiles y antagónicos.[345]

Con la idea de que todo mundo quiere ser feliz y tener seguridad en todos los terrenos y crear los recursos para hacer duradera la felicidad, se puede reeducar la mente para que acepte que lo "mío" es parte de los "demás"; la compasión permite reconocer que ese deseo de felicidad y no-sufrimiento se encuentra en toda la gente, no constituye exclusividad alguna. De ese modo, al reconocer ese derecho igualitario colectivo, puede impulsar el sentimiento de simpatía y cercanía hacia las demás personas. Poco a poco, la mente ególatra y centralizada en el ensimismamiento (apego al yo y exagerada estimación propia) va transitando hacia el altruismo universal, que es la expresión práctica y concreta de la compasión, aumentando en el mismo sentido el sentimiento y la sabiduría para ayudar a superar los problemas de los demás.

La razón y la paciencia juegan un papel significativo en el rediseño de la mente ensimismada, pues conforman un excelente antídoto contra el enfado y la frustración. No reflejan síntomas de debilidad o cobardía; más bien se trata de actitudes auténticas de la fortaleza interna de una persona.

---

[345] *Ibídem*, p. 23.

Se necesita muchísima valentía para generar compasión sincera y amor universal a los enemigos.

La compasión es gentil, "pacífica y suave", afirma el Dalai Lama, pero también sumamente poderosa pues nada la disminuye, nada la amenaza y nada la puede desviar de sus firmes y sinceras intenciones de que todos logren salir de los condicionamientos debido al karma, a los hábitos de pensamientos y a los patrones mentales de respuesta que constituyen la esencia de la pesadilla del samsara. El odio, el enojo y el enfado son más bien los síntomas de una mente débil, sin fortaleza en la verdad.[346]

En todo corazón humano reside de manera natural el potencial de compasión; tan es así, que cuando se experimenta, cuerpo y mente tienden hacia un estado de gozo y ecuanimidad. Los seres humanos fuimos hechos para coexistir en atmósferas de afecto y cariño, más que en los campos de conflictos y antagonismos.[347] El potencial de compasión está en el centro de la luz clara, sólo hay que reconocerlo, expresarlo y encontrar los canales adecuados para su manifestación en el mundo. La naturaleza humana aprecia la compasión y el amor como ningún otro valor: éstos son la base de la existencia misma, sin ella no habría progreso alguno, ni la raza humana hubiera sobrevivido como lo ha hecho hasta hoy.[348]

Para la doctrina budista existen tres tipos de compasión. La primera se deriva de haber comprendido la auténtica percepción de la naturaleza última de la realidad, de la vacuidad y de la verdad absoluta cuyo resultado es el desapego a todo

---

[346] *El camino del gozo*, 2001, p. 146.

[347] *El poder de la compasión*, 2001, p. 52.

[348] *La política de la bondad*, 2001, p. 144.

objeto y fenómeno, con lo cual se produce una fuerza amorosa unidireccional; la segunda compasión nace de considerar la impermanencia de todo, con lo cual se obliga a la mente a resaltar cada instante de vida como lo más importante que existe y, por ende, a procurar su cuidado, estimación y amor absoluto. La tercera es aquella que se motiva por la toma de conciencia del sufrimiento de los demás.[349] Como se puede apreciar, todo lo que se expuso en los cinco capítulos anteriores, quedan sintetizados en los tres tipos de compasión.

Experimentar la compasión como un fenómeno universal, integral y ejercerla como una actitud que abarca toda la existencia está en relación proporcional con la profundidad que la mente logra en cuanto a la naturaleza de la realidad; por eso comprender la vacuidad de la existencia significa darle espacio infinito a la compasión en la mente y el corazón.[350] Enfrentar los tres tipos de sufrimiento –el sufrimiento como dolor, el sufrimiento del cambio y el sufrimiento por la existencia condicionada– resulta factible sólo si se cultiva una mente y una actitud de compasión que se opone radicalmente a la indiferencia insensible hoy tan común en el mundo moderno.

Para la doctrina budista del Dalai Lama, la raíz de esta visión del mundo reside en la compasión y en la práctica de no hacer daño a nadie. Por ello, el budista se refugia en el acto de no hacer daño a ningún ser viviente, ni producir actos que confundan y dañen la vida de los demás.[351] Y si no es posible ayudarlos, por lo menos no contribuir a propiciar

---

[349] *El poder de la compasión*, 2001, pp. 62-63.

[350] *El ojo de la sabiduría*, 2001, p. 97.

[351] *El camino del gozo*, 2001, p. 116.

mayores daños y dolor en la vida; en esa perspectiva se establece el ideal del bodhisattva, como aquella persona que cultiva la compasión y la sabiduría para superar las causas de dukha, que es la materia prima que produce la pesadilla del samsara, y simultáneamente generar las causas y las condiciones de la verdadera felicidad tanto para uno como para todos los demás seres sintientes.

El ideal del bodhisattva

Los seres humanos llevan viviendo más de cien mil años en su forma actual; si desde entonces hubiesen estado dominados por la ira y el odio, difícilmente hubieran sobrevivido. A pesar de todo, las personas se reproducen cada vez más, lo cual demuestra que tienden más hacia la compasión y al amor, que a la ira y el odio.[352] Realmente estas dos últimas emociones son derivaciones no primarias de la mente; son desviaciones catastróficas de los resultados de las acciones mentales, verbales y corporales equivocadamente dirigidas. Producir o, en su caso, agravar los problemas que afligen a otras personas, a los animales o al medio ambiente, se hace en la mayoría de los casos porque se cree que así se genera felicidad y seguridad para uno mismo; es producto, en pocas palabras, de una gran confusión en los métodos y técnicas para producir felicidad y disminuir el sufrimiento.[353] La ofuscación y la ignorancia hacen que buenas intenciones de unos tengan pésimos efectos para otros.

Si todo objeto y fenómeno están vacíos de sí mismos, de esencia, entonces la lucha fraticida que se entabla en el sam-

---

[352] *Con el corazón abierto*, 2003, p. 14.

[353] *El poder de la compasión*, 1999, p. 21.

sara por satisfacer los deseos ansiosos de apego y aferramiento a lo agradable y de aversión y rechazo hacia lo desagradable, es una lucha encaminada al fracaso invariable, un esfuerzo totalmente inútil.

En la vida mundana no hay nada seguro, nada tiene solidez y permanencia como lo imagina la mente ofuscada; por tanto, nada puede ser de uno de manera perenne, ni estar apegado a la seguridad e identidad, ni tampoco la aversión hace que las cosas desagradables desaparezcan. Estamos así atrapados en la pesadilla del samsara queriendo que las cosas sean según lo pretenda nuestro estado mental. El camino samsárico del apego y de la aversión surgen de un grave error; de hecho, no hay nada a que apegarse, no hay nada que rechazar. El presente, y por tanto la percepción del momento actual, es lo único realmente existente; el pasado y el futuro son categorías nominales en función de los recuerdos y de las expectativas.

En esta actitud sin embargo no está ausente la necesidad de reflexionar en el pasado o proyectar futuros deseables, porque si no fuera así viviríamos sin historia y sin esperanza. Como ya lo vimos, la doctrina budista pondera altamente el valor de las acciones mentales, verbales y corporales, que pueden ser de tres tipos: virtuosas (que producen felicidad), no virtuosas (que producen malestar y sufrimiento) y neutras. Ahora bien, en función del tiempo existen dos tipos de acciones: intencionales (cuando se piensa en hacer algo) y no intencionales (acciones verbales y físicas que son expresiones de la acción mental habitual y automatizada).[354]

Para iniciar el proceso del sendero espiritual en función de las acciones virtuosas se requiere entonces percatarse de

---

[354] *Un acercamiento a la mente lúcida*, 1994, p. 29.

las acciones mentales. Aquí es donde empiezan y terminan los ciclos de la calidad de la vida y por ende donde inicia y concluye el camino espiritual que libera de la pesadilla en que ha vivido por cientos y cientos de años la humanidad.

El Dalai Lama anota que "Quien practique el Dharma debe aspirar a lograr el entendimiento claro de las diversas categorías de dukha y a percibir cómo le afectan personalmente";[355] de esta manera cuando surge el apego, la aversión o la indiferencia, ignorancia, puede liberarse de ellos al estar consciente de la presencia de los tres venenos. Existen, como se vio al inicio del libro, tres grandes tipos de sufrimiento que ahora podemos comprender plenamente.

1. *Dukha-dukhata*: el sufrimiento del dolor corporal y mental o insatisfacción.
2. *Viparinama-dukhata*: el sufrimiento por la impermanencia y el deterioro del cuerpo, de las cosas deseadas, de las posesiones y los patrimonios. Es el destino del cambio de todo objeto y fenómeno: nacer, desarrollarse y desaparecer.
3. *Samskara-dukhata*: el sufrimiento de la existencia condicionada, que representa la vida subsumida a múltiples causas y circunstancias, lo que hace que sea dependiente y este en función de sus partes, o agregados.[356]

El sistema doctrinal del budismo establece signos, ceremonias y cantos para que los seres humanos logren liberarse de los tres tipos de sufrimiento. Un bodhisattva es una persona

---

[355] *El ojo de la sabiduría*, 2001, p. 109.

[356] *Ibídem.*

que tiene la "aspiración heroica a la iluminación", y con base en dicha aspiración, trata de ser altruista con todo el mundo, cargando, transformando y superando el sufrimiento de los demás. Su compasión está más allá de toda frontera y clasificación, trasciende toda idea que divide a los seres vivientes.[357] Por tanto, comprender en todas sus dimensiones dukha, abre la posibilidad de cultivar la felicidad y la paz para uno y para los demás.

El bodhisattva no sólo se aboca a generar la mente de compasión y sabiduría, sino que hace votos para reflejar en todas sus acciones mentales, verbales y corporales las seis perfecciones que lo convierten en un ser espiritual: generosidad, moralidad, paciencia, esfuerzo, meditación y sabiduría. Se adiestra cotidianamente en cada uno de estas perfecciones.[358] Todas ellas se practican a la luz de la vacuidad; es decir, con plena conciencia de cómo son las cosas en la vida real.[359]

Las seis prácticas se ven arropadas por cuatro "atractivos" que se desplazan hacia los demás: generosidad material, un modo de hablar agradable, la amabilidad y la adaptación a las circunstancias y condiciones.[360] Esta última hace alusión a la práctica de la paciencia que significa tomar en cuenta los factores causales y no realizar, por ningún motivo o razón, una acción negativa.[361] Para ello, es importante tener una actitud de desapego, tanto de aquello que es positivo y que implica aferramiento, como lo que es negativo, que genera aversión.

---

[357] *El buen corazón*, 2000, p. 143.

[358] *Un acercamiento a la mente lúcida*, 1994, p. 167.

[359] *Pacificar la mente*, 2000, p. 192.

[360] *Ibídem*, p. 162.

[361] *El poder de la compasión*, 2001, pp. 107-108.

La persona que sigue los pasos del bodhisattva es aquel que no tiene enemigos que vencer, ni amigos que conservar. No favorece inadecuadamente a sus allegados, ni a aquellos que tienen autoridad; pero tampoco tiene temor de ser derrotado. Los ocho intereses mundanos[362] que condicionan la vida de la mayoría de las personas no son esferas de atención para el bodhisattva, y por tanto no se irrita por sus aspectos negativos, ni genera felicidad cuando aparecen en sus aspectos positivos; en pocas palabras, reacciona frente a ellos con ecuanimidad (con un mismo sabor) y humildad porque sabe, y así lo experimenta, que son estados transitorios, ilusorios y carentes de existencia real.[363]

Por tanto, el bodhisattva no se alegra cuando lo alaban, ni se deprime cuando es insultado o lo desprecian; tampoco es feliz cuando tiene éxito, ni se entristece cuando fracasa; no se entusiasma cuando adquiere riqueza, ni se desalienta cuando experimenta la pobreza; no se satisface con la fama, ni se deprime cuando sus acciones carecen de reconocimiento.[364] Él vive reposado en la compasión y en la sabiduría.

Gracias a las reflexiones que suele hacer el bodhisattva, lo caracteriza la ecuanimidad. Cavila sobre la incertidumbre de las relaciones humanas, sobre la impermanencia y el sufrimiento y no se liga a unas personas por odiar a otras. Pero también observa que todas las personas son iguales en el sentido de que desean ser felices y no sufrir. Con base en estas premisas de la ecuanimidad, la incertidumbre de las relaciones y el anhelo de ser felices, tiene una actitud de completa imparcialidad ante todos los seres.[365]

---

[362] Riqueza-pobreza, halago-crítica, fama-anonimato y placer-sufrimiento.

[363] *El ojo de la sabiduría*, 2001, p. 38.

[364] *Transforma tu mente*, 2001, p. 147.

[365] *La meditación paso a paso*, 2001, p. 53.

Por eso el bodhisattva tiene paz interna, porque está completamente libre de apegos, aversiones e ignorancia. Pero es sensato y practica la pacificación del mundo exterior.[366] Contribuye al diálogo entre enemigos y adversarios, procura conservar en buen estado el medio ambiente y evitar agresiones contra cualquier forma de vida. De ahí que asuma plenamente el camino de la iluminación altruista que se sostiene en tres requerimientos que trascienden las preocupaciones mundanas de la identidad, la seguridad y la permanencia:

a. Abandonar lo no meritorio y ejercer acciones virtuosas.
b. Negar el sí mismo o comprender la irrealidad del sí mismo individual.
c. Poner fin a las percepciones equivocadas.[367]

Así es como el bodhisattva recorre con sus ideales el camino señalado por Buda, para poder salir de la pesadilla del samsara, un sendero espiritual que parte de comprender en todas sus dimensiones las cuatro nobles verdades y los tres sellos de la realidad. En el centro de esta visión y misión en el mundo está la creencia de que en todo ser humano, por más malvado y terrorífico que aparezca, existe una mente bondadosa, de claridad, de luz clara que supera las perturbaciones mentales y las aflicciones emocionales. La comprensión se sustenta en la filosofía de la vacuidad: esa verdad absoluta de que nada es para y por sí mismo, que nada contiene esencia alguna y que todo objeto y fenómeno es un derivado de in-

---

[366] *Más allá de los dogmas*, 1994, p. 155.

[367] *Pacificar la mente*, 2000, p. 119.

terdependencias, causas y condiciones. El bodhisattva está atento a todo esto, lo que le permite abrir vías de liberación frente a los condicionamientos milenarios a los que uno se ha acostumbrado después de tantas vidas transcurridas.

Siente una genuina compasión hacia todos los seres humanos, animales y el medio ambiente en general; al mismo tiempo procura la iluminación para lograr el bienestar de los demás.[368] Contribuye a un inmenso esfuerzo inscrito en la cotidianidad, donde toda acción se hace de forma desinteresada para liberar del sufrimiento a los seres vivos.[369]

Su motivación principal estriba en lograr que la compasión prevalezca de forma habitual en su mente pues así sella el compromiso del deseo de la liberación del sufrimiento y de alcanzar la budeidad que tiene en la mente de luz clara, a donde desea regresar junto con todos los seres vivos, para ya no salir de ahí; de ese espacio puro, claro, de gozo y alegría. Es decir, el sendero que lleva al estado del nirvana, que hace desparecer la pesadilla del samsara en la que hemos vivido durante tantos siglos.

El Dalai Lama es un ejemplo viviente del ideal del bodhisattva, por lo cual este libro está basado en su sabiduría y compasión. Él siempre afirma que todo ser viviente quiere la felicidad y no desea el sufrimiento, y que el budismo tiene la misión de reeducar el corazón humano para que sea bueno y amable consigo mismo y con toda forma de vida. Por eso de manera cotidiana el Dalai Lama reza de la siguiente manera:

---

[368] *Las cuatro nobles verdades*, 2002, p. 102.

[369] *El ojo de la sabiduría*, 2001, p. 114.

Que el pobre consiga riqueza,
que los apenados encuentren la alegría.
Que el abandonado halle una nueva esperanza,
prosperidad y una estable felicidad.

Que el asustado deje de temer,
y que los esclavos sean libres.
Que los débiles encuentren la fuerza,
y que la amistad una sus corazones.[370]

[370] *El arte de la compasión*, 2002, p. 27.

Bibliografía

Dalai Lama, *Más allá de los dogmas, vivencias espirituales*, editorial Sirio, España, 1994.

_____, Tenzin Gyatso, el XIV Dalai Lama, *Un acercamiento a la mente lúcida*, ediciones Dharma, España, 1994.

_____, Tenzin Gyatso, el XIV Dalai Lama, *Sabiduría trascendental*, ediciones Dharma, España, 1994.

_____, XIV Dalai Lama, *La fuerza del budismo*, ediciones B, España, 1995.

_____, Tenzin Gyatso, *Visión de una nueva conciencia*, editorial Amara, España, 1996.

_____, XIV Dalai Lama, *La búsqueda del despertar*, ediciones Dharma, España, 1996.

_____, S. S. El Dalai Lama, *El sueño, los sueños y la muerte*, José J. de Olañeta Editor, Mándala, España, 1997.

_____, S. S. el Dalai Lama, *El mundo del budismo tibetano*, José J. de Olañeta Editor, Mándala, España, 1998.

_____, *Memorias del Dalai Lama del Tíbet*, editorial Edivisión, México, 1998.

_____, *El poder de la compasión*, editorial Errepar, Argentina, 1999.

_____, *Como un relámpago ilumina la noche*, editorial Imagina, España, 1999.

_____, Gyatzo, Tenzin, *La visión interior*, editorial Océano, España, 2000.

_____, *El buen corazón*, Grupo Editorial Norma, Colombia, 2000.

_____, *El arte de vivir el nuevo milenio*, Editorial Grijalbo, España, 2000.

_____, *Pacificar la mente*, editorial Oniro, España, 2000.

_____, *El arte de la felicidad*, editorial Grijalbo, España, 2000.

_____, *Océano de sabiduría*, editorial Oniro, España, 2000.

_____, *La política de la bondad*, editorial Bodhi, México, 2001.

_____, *Transforma tu mente*, Ediciones Martínez Roca, España, 2001.

_____, *La meditación paso a paso*, editorial Grijalbo, México, 2001.

_____, Tenzin Gyatso, S. S. el Dalai Lama, *El ojo de la sabiduría*, ediciones Kairós, España, 2001.

_____, *El camino del gozo*, José J. de Olañeta Editor, Mandala, España, 2001.

_____, *El poder de la compasión*, Ediciones Martínez Roca, España, 2001.

_____, *Compasión y no-violencia*, editorial Kairós, España, 2001.

_____, Daniel Goleman y otros, *Mundos en armonía*, Editorial Paidós, España, 2001.

_____, *Las cuatro nobles verdades*, Editorial Plaza y Janés, España,

_____, *Introducción al dharma y otros artículos*, Internet, 2002.

_____, *Consejos espirituales*, editorial Oniro, España, 2002.

_____, *El arte de la compasión*, editorial Grijalbo, España, 2002.

_____, *La vida, la muerte y el renacer*, editorial Sirio, España, 2002.

_____, *Con el corazón abierto*, editorial Grijalbo, España, 2003.

_____, y Jeffrey Hopkins, *Acerca de la muerte*, editorial Océano, España, 2003.

_____, XIV Dalai Lama, *Introducción al budismo tibetano*, editorial Paidós, España, 2004.

_____, y Daniel Godman, *Emociones destructivas*, editorial Vergara, Argentina, 2004.

_____, *Dzogchen*, editorial Kairós, España, 2004.

_____, y Felicitas von Schonborn, *Conversaciones con el Dalai Lama*, editorial Martínez Roca, España, 2005.

Bibliografía en inglés del Dalai Lama

A Flash of Lightening in the Dark of Night, H. H. the Dalai Lama, Shambhala Publications, Boston, 1994.

A Human Approach to World Peace, H. H. the Dalai Lama, Wisdom Publication, Londres, 1984.

Advice from Buddha Shakyamuni, H. H. the Dalai Lama, LTWA, 1982.

Advice from the Heart (Forthcoming), H. H. the Dalai Lama, Thorsons Element, 2003.

An Open Heart, His Holiness the Dalai Lama Little Brown and Company, 2001.

Ancient Wisdom, Modern World-Ethics for a New Millennium, H. H. the Dalai Lama Little Brown and Company, Londres, 1999.

Awakening the Mind, Lightening the Heart, H. H. the Dalai Lama, ed. de John Avedon y Donald S. Lopez, Harper Collins, Nueva York, 1995.

Beyond Dogma, H. H. the Dalai Lama, Souvenir Press Ltd., Londres, 1996.

Collected Statements, Interviews and Articles, H. H. the Dalai Lama, Department of Information and International Relations (diir), Dharamsala, 1982.

Commentary on the Thirty Seven Practices of a Bodhisattva, H. H. the Dalai Lama, trad. de Acharya Nyima Tsering; edited by Vyvvan Cayley and Mike Gilmore, LTWA, 1995.

Compassion and the Individual, H. H. the Dalai Lama, Wisdom Publications, Boston, 1991.

Compassion or Competition (A Discussion on Human Values in Business and Economics), H. H. the Dalai Lama *et al.*, Ashoka Publishers, Roterdam.

Cultivating a Daily Meditation, H. H. the Dalai Lama, LTWA, 1991.

Dialogues on Universal Responsibility and Education, H. H. the Dalai Lama, LTWA, 1995.

Dimensions of Spirituality, H. H. the Dalai Lama, Snow Lion Publications, Itaca, 1995.

Essence of the Heart Sutra, H. H. the Dalai Lama, Wisdom Publications, 2002.

Essential Teachings, H. H. the Dalai Lama, 1995.

Four Essential Buddhist Commentaries, H. H. the Dalai Lama, LTWA, 1982.

Freedom in Exile, H. H. the Dalai Lama, Harper Collins, Nueva York, 1991.

Healing Anger: The Power of Patience from a Buddhist Perspective, H. H. the Dalai Lama, trad. de. Thupten Jinpa, Snow Lion Publications, Itaca, 1997.

His Holiness the Dalai Lama-Speeches, Statements, Articles, Interviews from July 1987 to June 1995, H. H. the Dalai Lama, DIIR, 1995.

How to Practice, His Holiness the Dalai Lama y Jeffrey Hopkins, Pocket Books, 2002.

Kalachakra: Rite of Initiation, H. H. the Dalai Lama, Wisdom Publication, Boston, 1985.

Kindness, Clarity and Insight, H. H. the Dalai Lama, trad. y ed. de Jeffery Hopkins, Snow Lion Publications, Itaca, 1984.

Love, kindness and Universal Responsibility, H. H. the Dalai Lama, Paljor Publications, Nueva Delhi, 1997.

Mind Science-An East-West Dialogue, H. H. the Dalai Lama, Herbert Benson, Robert A. Thurman, Howard E. Gardner y Daniel Goleman, Wisdom Publications, Boston, 1991.

My Land and My People, His Holiness the Dalai Lama, Potala Publications, Nueva York, 1962.

My Tibet, H. H the Dalai Lama y Galen Rowell, University of California Press, Berkeley, 1990.

Ocean of Wisdom, H. H. the Dalai Lama, Clear Light Publications, Nuevo Mexico, 1989.

Opening of the Eye of New Awareness, H. H. the Dalai Lama; trad. de Donald S. Lopez con Jeffrey Hopkins, Wisdom Publication, Londres, 1985.

Policy of Kindness, H. H. the Dalai Lama, comp. y ed. de Sidney Piburn, Snow Lion Publications, Itaca, 1990.

The Art of Happiness, H. H. the Dalai Lama y Howard C. Cutler Riverhead Books, Nueva York, 1998.

The Bodhi Gaya Interviews, H. H. the Dalai Lama, trad. y ed. Anot. de B. Alan Wallace, Snow Lion Publications, Itaca, 1988.

The Buddhism of Tibet and the Key to the Middle Way, His Holiness the Dalai Lama, trad. de Jeffrey Hopkins y Lati Rinpoche, Wisdom Publication, Londres, 1975.

The Dalai Lama at Harvard, H. H. the Dalai Lama; translated and edited by Jefferey Hopkins, Snow Lion Publications, Itaca, 1988.

The Four Noble Truths, H. H. the Dalai Lama, trad. de Thupten Jinpa, editado por Dominique Side y Thupten Jinpa Thorsons, Londres, 1998.

The Gelug/ Kagyu Tradition of Mahamudra, H. H. the Dalai Lama y Alexander Berzin, Snow Lion Publications, Itaca, 1997.

The Global Community and the Need for Universal Responsibility, H. H. the Dalai Lama, Wisdom Publications, Boston, 1990.

The Good Heart- A Buddhist Perspective on the Teachings of Jesus, H. H. the Dalai Lama, Wisdom Publications, Boston, 1996.

The Heart of Compassion, H. H. the Dalai Lama, Foundation for Universal Responsibility, Nueva Delhi, 1997.

The Heart of the Buddha's Path, H. H. the Dalai Lama, trad. de Thupten Jinpa, ed. de Dominique Side y Thupten Jinpa Thorsons, Londres, 1999.

The Joy of Living and Dying in Peace, H. H. the Dalai Lama, ed. de John Avedon y Donald S. Lopez Harper Collins, Nueva York, 1997.

The Little Book of Buddhism, H. H. the Dalai Lama, comp. y ed. de Renuka Singh, Penguin Books, Nueva Delhi, 1999 y 2000.

The Meaning of Life from a Buddhist Perspective, H. H. the Dalai Lama; trad. y ed. de Jefferey Hopkins, Wisdom Publications, Boston, 1993

The Meaning of Life, H. H. the Dalai Lama, trad. de Jefferey Hopkins, Snow Lion Publications, Itaca, 1990.

The Nobel Peace Prize and the Dalai Lama, H. H. the Dalai Lama, comp. y ed. de Sidney Piburn, Snow Lion Publications, Itaca, 1990.

The Opening of the Wisdom Eye, The Theosophical Publishing House, Illinois, 1966.

The Path to Bliss, H. H. the Dalai Lama, Snow Lion Publications, Itaca, 1991.

The Path to Enlightenment, H. H. the Dalai Lama, trad. y ed. de Glenn H. Mullin, Snow Lion Publications, Itaca, 1995.

The Path to Tranquility - Daily Mediations, H. H. the Dalai Lama, comp. y ed. de Renuka Singh,Penguin Books, Nueva Delhi, 1998.

The Political Philosophy of His Holiness the Dalai Lama - Selected Speeches and Writings, H. H. the Dalai Lama, ed. de A. A. Shiromany Tibetan Parliamentary and Policy Research Center, Nueva Delhi, 1998.

The Power of Compassion, H. H. the Dalai Lama, Harper Collins, Nueva Delhi, 1995.

The Spirit of Peace, His Holiness the Dalai Lama, Thorsons Element, Londres, 2002.

The Spirit of Tibet: Universal Heritage - Selected and Writings, H. H. the Dalai Lama, ed. de A. A. Shiromany, Tibetan Parliamentary and Policy Research Center, Nueva Delhi, 1995.

The Union of Bliss and Emptiness, H. H. the Dalai Lama, trad. de Thupten Jinpa, Snow Lion Publications, Itaca, 1988.

The Way to Freedom, H. H. the Dalai Lama, ed. por John Avedon y Donald S. Lopez, Harper Collins, Nueva Delhi, 1995.

The World of Tibetan Buddhism, H. H. the Dalai Lama, trad., ed. Y anot. de Thupten Jinpa, Wisdom Publications, Boston, 1995.

Transcendent Wisdom, H. H. the Dalai Lama; trad. y ed. de Jefferey Hopkins, Snow Lion Publications, Itaca, 1988.

Transforming the Mind, H. H. the Dalai Lama, trad. de Thupten Jinpa, ed. de Dominique Side y Thupten Jinpa Thorsons, Londres, 2000.

Universal Responsibility and the Good Heart, H. H. the Dalai Lama, Library of Tibetan Works and Archives (LTWA), Dharamsala, 1977.

Violence and Compassion/Power of Buddhism, H. H. the Dalai Lama y Jean Claude Carriare, Doubleday, Nueva York, 1995.

Words of Truth, H. H. the Dalai Lama, Wisdom Publications, Boston, 1993.

Fuente: www.tibetoffice.org/sp/

Anexos

I. Los cinco preceptos básicos del budismo

Me comprometo con el principio de la práctica de abstenerme de quitar o maltratar cualquier forma de vida.

Me comprometo con el principio de la práctica de abstenerme de tomar lo que no me ha sido dado por la voluntad de otros.

Me comprometo con el principio de la práctica de abstenerme de realizar conductas irresponsables e ilegítimas respecto a cualquier tipo de placer sensual, principalmente con aquellas que tienen que ver con las prácticas sexuales.

Me comprometo con el principio de la práctica de abstenerme de realizar actos que con la palabra hieran o contribuyan al sufrimiento y la división entre los seres humonos.

Me comprometo con el principio de la práctica de abstenerme de ingerir sustancias tóxicas, embriagantes o drogas que sean la base para realizar actos de negligencia o que nublen la conciencia, la atención plena y la percepción.

II. Oración del XIII Dalai Lama

Con el deseo de liberar a todos los seres
iré siempre a refugiarme
en el Buda, en el Dharma, en la Sangha,
hasta que alcance la plena iluminación.

Extasiado de sabiduría y de compasión
hoy, en presencia de Buda,
genero la mente para el pleno despertar
en beneficio de todos los seres sintientes.

Mientras el espacio exista
y mientras los seres sintientes permanezcan
hasta entonces pueda yo existir también
y disipar las miserias del mundo.[371]

---

[371] Dalai Lama, *Con el corazón abierto*, editorial Grijalbo, España, 2003, p. 102. También existe otra versión de este último párrafo que dice así: "Hasta que permanezca el espacio, hasta que permanezcan los seres sintientes, yo permaneceré, con el fin de ayudar, con el fin de servir, con el fin de aportar lo que esté en mi mano".

III. Los ocho versos para la transformación de la mente, (Lo-jong) de Geshe Langri Thangpa (Tíbet, siglo XI)

Yo, con la determinación de alcanzar
el propósito máximo
en beneficio de todos los seres sensibles,
que supera incluso la piedra preciosa
que cumple los deseos,
espero apreciarlos siempre.

Que cada vez que influya en otros
me considere el más humilde de todos
y, desde lo más profundo de mi corazón,
los vea respetuosamente como superiores.

Que en todos mis actos examine mi mente
y cuando surjan aflicciones mentales y emocionales
por las que los demás y yo corramos peligro...
que pueda afrontarlas con firmeza y evitarlas.

Cuando vea seres de carácter desagradable
oprimidos por la negatividad y el sufrimiento intensos,
que pueda apreciarlos, ya que son difíciles de encontrar,
¡como si hubiera descubierto un tesoro de joyas!

Cuando por envidia
otros me maltraten con insultos, calumnias y desdén,
que pueda simular la derrota
y concederles la victoria.

Cuando alguien a quien he ayudado
o en el que he depositado grandes esperanzas
me maltrate de forma muy hiriente,
que todavía pueda considerarlo mi apreciado maestro.

En síntesis, que pueda ofrecer beneficios y alegrías
a todas mis madres directas e indirectas;
que pueda cargar sobre mis espaldas
las heridas y los sufrimientos de mis madres.[372]

Que todo lo dicho permanezca a salvo
de las tachas de las ocho preocupaciones mundanas[373]
y que, al reconocer que todo es ilusorio
y carece de asideros, me vea libre de la esclavitud.

---

[372] En el budismo, y con especial énfasis en el tibetano, se supone que todos los seres animados (humanos y animales) en algún momento del pasado, en vidas anteriores, han sido nuestras madres, pues ha habido una serie de incontables renacimientos, que la probabilidad de que así sea es muy alta. De todas formas, la idea de que todo ser sintiente ha sido madre de uno en el pasado, tiene la finalidad de incrementar, de manera intensiva y segura el amor y la compasión para con los demás, principalmente con aquellos que ahora se consideran adversarios y enemigos.

[373] Las ocho preocupaciones mundanas, a las cuales se le dedica casi toda la energía humana en sociedades modernas y competitivas, implican buscar y luchar para poseer y tener éxito, halagos, riqueza y fama. Sus polos contarios requieren también invertir energías para evitarlos a toda costa: la crítica, el fracaso, la pobreza y el anonimato.

IV. Los tres aspectos principales del Camino a la Iluminación Suprema de Tsong Kapa (1357-1419)[374]

Homenaje a los principales santos lamas:

1. Explicaré lo mejor que pueda el significado esencial de todas las escrituras del Conquistador, el Camino elogiado por los excelentes hijos Conquistadores.
   El puerto de los afortunados que desean la liberación.

2. Quienes no tengan apego a los placeres de la existencia mundana,
   quienes se esfuercen en que ocio y fortuna sean útiles,
   quienes se inclinen al camino que agrada al Buda Conquistador,
   esos afortunados deberían escuchar con mente clara.

3. Sin un pensamiento total de abandonar definitivamente la existencia cíclica, no hay forma de dejar de buscar efectos placenteros en el océano de la existencia.
   Además, el ansia de la existencia cíclica ata completamente a los encarnados.
   Por tanto, al principio, se ha de procurar la determinación de abandonar la existencia cíclica.

[374] Tsong Kapa es el fundador de la práctica budista tibetana Guelug de la Escuela Budista del Camino Medio a la cual pertenece el linaje de los dalai lamas.

4. El ocio y la fortuna son difíciles de encontrar y la vida no tiene duración, al familiarizarse con esto, se cambia el interés por las apariencias de esta vida.

5. Si piensas una y otra vez en los actos y en sus efectos inevitables y en el sufrimiento de la existencia cíclica se anulará el interés por las apariencias de las vidas futuras.

6. Si al haber meditado así no se origina admiración, incluso por un instante, para la prosperidad de la existencia cíclica; y si surge día y noche una actitud que busca la liberación, se ha generado entonces el pensamiento de abandonar definitivamente la existencia cíclica.

7. Además, si este pensamiento de abandonar definitivamente la existencia cíclica no va unido a una aspiración total a la iluminación suprema, no se convierte en causa de la increíble dicha de la iluminación insuperable.
   Así pues, el inteligente debe tener la suprema intención altruista de iluminarse.

8. Todos los seres ordinarios son arrastrados por el continuo de las cuatro corrientes poderosas: nacer, envejecer, enfermar y morir.
   Son atados con las apretadas ataduras de acciones a las que resulta difícil oponerse.
   Han entrado en la jaula de hierro de percibir la entidad propia de la existencia inherente.
   Están totalmente obnubilados por la espesa oscuridad de la ignorancia.

9. Nacen en número ilimitado en la existencia cíclica, y en sus nacimientos son torturados sin cesar por los tres sufrimientos: dolor mental y físico, el sufrimiento del cambio y el sufrimiento de todo lo condicionado. Pensando en la condición de las madres que han llegado a tal estado, generan la suprema intención altruista de iluminarse.

10. Si no tienes la sabiduría que comprende cómo son las cosas, aunque hayas desarrollado el pensamiento de abandonar de forma definitiva la existencia cíclica y de impulsar la intención altruista, no se puede cortar de raíz la existencia cíclica.
Por tanto, hay que esforzarse en los medios para comprender la originación dependiente.

11. Quien al comprender la causa y efecto de todos los fenómenos de la existencia cíclica y el nirvana como fiables, destruye totalmente el modo de percepción errónea de esos objetos, como inherentemente existentes, habrá entrado en un camino que es grato al Buda.

12. En tanto que los dos, la comprensión de las apariencias (la infalibilidad del origen dependiente) y la comprensión de la vacuidad (la no-afirmación de la existencia inherente), parecen estar separados, aún no hay comprensión del pensamiento de Buda Shakiamuni.

13. Cuando existen dos comprensiones simultáneamente y sin alternancia, y cuando al considerar el origen depen-

diente como infalible, el conocimiento definitivo destruye totalmente el modo de percepción de la concepción de la existencia inherente, entonces el análisis de la visión de la realidad es completo.

14. Si en la vacuidad conoces la apariencia de causa y efecto, no quedarás cautivado por ideas extremas.

15. Cuando hayas comprendido así tal como son los esenciales de los tres aspectos principales del camino (renuncia, visión correcta y mente altruista de iluminación), recurre a la soledad y genera el poder del esfuerzo.

16. Alcanza rápidamente tu último objetivo.[375]

---

375 Tenzin Gyatso, el XIV Dalai Lama, *Un acercamiento a la mente lúcida*, editorial Dharma, España, 1994; capítulo 15: "Un Camino de la iluminación", páginas 146 a 180. Se cambió un poco el lenguaje del castellano de España a uno más coloquial y menos denso.

V. Discurso del Dalai Lama en la ceremonia por su Premio Nóbel de la Paz[376]

Su Majestad, Miembros del Comité Nóbel, hermanos y hermanas:

Estoy muy contento de estar hoy aquí con ustedes para recibir el Premio Nóbel de la Paz. Me siento honrado, humilde y profundamente conmovido ante su decisión de otorgar este importante premio a un simple monje tibetano. Yo no soy nadie especial, pero creo que el premio es un reconocimiento al verdadero valor del altruismo, del amor, de la compasión y de la no-violencia que he tratado de practicar de acuerdo con las enseñanzas del Buda y de los grandes sabios de la India y del Tíbet.

Acepto este premio con profunda gratitud a nombre de los oprimidos en cualquier lugar, y de aquellos que luchan por la justicia y trabajan por la paz del mundo. Lo acepto como un tributo al hombre que fundó la tradición moderna de la acción no violenta para el cambio, Mahatma Gandhi, cuya vida me ha enseñado e inspirado. Y, claro, lo acepto a nombre de los seis millones de tibetanos, mis valientes compatriotas que permanecen en el Tíbet, quienes han sufrido y siguen sufriendo tanto. Ellos enfrentan una calculada y sistemática estrategia dirigida a la destrucción de su identidad nacional y cultural. El premio reafirma nuestra convicción de que con la verdad, el valor y la determinación como nuestras armas, el Tíbet será liberado.

No importa de qué parte del mundo venimos, todos somos básicamente los mismos seres humanos. Todos busca-

---

[376] *El discurso de aceptación del Premio Nobel de S. S. el Dalai Lama.*

mos la felicidad y tratamos de evitar el sufrimiento. Tenemos las mismas necesidades humanas esenciales y las preocupaciones derivadas de ellas. Todos nosotros, seres humanos, queremos la libertad y el derecho de determinar nuestro propio destino como individuos y como pueblos. Tal es la naturaleza humana. El gran cambio que se está llevando a cabo en todas partes del mundo, desde Europa Oriental hasta África, es una clara indicación de esto.

En China, el movimiento popular por la democracia fue aplastado por la fuerza bruta en junio de este año. Sin embargo, no creo que las manifestaciones hayan sido en vano, porque el espíritu de la libertad se reavivó entre el pueblo chino, y China no puede escapar del impacto de este espíritu de libertad que se difunde por muchas partes del mundo. Los valientes estudiantes y sus partidarios mostraron a la dirigencia china y al mundo el rostro humano de aquella gran nación. La semana pasada, una vez más, un grupo de tibetanos fueron sentenciados a prisión por periodos de hasta diecinueve años en un juicio público masivo, tal vez con la intención de atemorizar a la población antes del evento de hoy. Su único "crimen" fue expresar el deseo ampliamente compartido por los tibetanos de restaurar la independencia de su amado país.

El sufrimiento de nuestro pueblo durante los cuarenta años de ocupación está bien documentado. Nuestra lucha ha sido larga. Sabemos que nuestra causa es justa. Dado que la violencia sólo puede generar más violencia y sufrimiento, nuestra lucha debe permanecer no violenta y libre de odio. Nosotros tratamos de acabar con el sufrimiento de nuestra gente, no de infligir sufrimiento a otros.

Con lo anterior en mente, he propuesto negociaciones entre el Tíbet y China en numerosas ocasiones. En 1987, hice propuestas específicas mediante un Plan de Cinco Puntos para la restauración de la paz y los derechos humanos en el Tíbet. Esto incluía la conversión de toda la meseta tibetana en una zona de Ahimsa, un santuario de paz y no-violencia donde los seres humanos y la naturaleza pudieran vivir en paz y armonía.

El año pasado expliqué con más detalle ese plan en Estrasburgo, ante el Parlamento europeo. Creo que las ideas que expresé en aquellas ocasiones son, al mismo tiempo, realistas y razonables, aunque algunos de mis compatriotas las han criticado por ser demasiado conciliatorias. Desdichadamente, los líderes de China no han dado una respuesta positiva a nuestras sugerencias, las cuales incluyen concesiones importantes. Si esto continúa, nos veremos compelidos a reconsiderar nuestra posición.

Cualquier relación entre el Tíbet y China tendrá que basarse en el principio de la igualdad, el respeto, la confianza y el beneficio mutuo. También deberá sustentarse en el principio establecido por los sabios gobernantes del Tíbet y de China en un tratado que se remonta al año 823 d. C., el cual está grabado en un pilar que todavía hoy se encuentra de pie frente al Jokhang, el santuario más sagrado del Tíbet, en Lhasa. Dicho principio señala: "los tibetanos vivirán felizmente en la gran tierra del Tíbet y los chinos vivirán felizmente en la gran tierra de China".

Como monje budista, mi preocupación se extiende a todos los miembros de la familia humana, y también a todos los seres sintientes que sufren. Considero que la ignorancia es la causa de todo sufrimiento. La gente inflinge dolor a otros en la búsqueda egoísta de su propia felicidad y satisfacción. Sin embargo, la verdadera felicidad surge de un sentido de hermandad. Necesitamos cultivar una responsabilidad universal hacia los demás y hacia el planeta que compartimos. Aun cuando mi religión budista ha resultado una gran ayuda para generar el amor y la compasión, incluso hacia aquellos a quienes consideramos nuestros enemigos, estoy convencido de que todos podemos desarrollar un buen corazón y un sentido de responsabilidad universal con o sin religión.

Con el creciente impacto de la ciencia en nuestras vidas, la religión y la espiritualidad adquieren mayor relevancia en cuanto nos recuerdan nuestra humanidad. No hay contradicciones entre las dos. Cada una nos da valiosos conocimientos de la otra. Tanto la ciencia como las enseñanzas de Buda nos hablan de la unidad fundamental de todas las cosas. Este entendimiento es crucial si queremos emprender acciones reales y decididas ante la apremiante preocupación global respecto al medio ambiente.

Yo creo que todas las religiones persiguen los mismos fines: cultivar la bondad humana y traer felicidad a todos los seres humanos. Aunque los medios parezcan diferentes, los fines son los mismos.

Conforme entramos en la década final de este siglo, considero de manera optimista que los antiguos valores que han sustentado a la humanidad se reafirman actualmente y nos preparan para un siglo XXI más bondadoso y feliz.

Rezo para que todos nosotros, opresor y amigo, triunfemos juntos en la construcción de un mundo mejor a través del entendimiento humano y el amor, y para que, en el proceso, reduzcamos el dolor y el sufrimiento de todos los seres sintientes.

Gracias.

VI. Plegaria de la palabra de la verdad por Tenzin Gyatso, el XIV Dalai Lama

¡Oh! Budas eternos con vuestros hijos y discípulos,
Vuestra gloria, un mar de virtudes sin límite,
Pensáis en los pobres seres como si cada uno fuera el hijo único;
¡Dignaos atender mi sincero lamento!

¡Dignaos ampliar las diez prácticas virtuosas,
De los sabios seguidores adeptos de las enseñanzas de Buda,
Y difundir la gloria de sus beneficios esparciendo la dicha por todo el mundo
Al abolir las miserias de la existencia y la extinción!

¡Dignaos salvar a los seres desdichados, atormentados sin cesar
Por el feroz empuje de las acciones evolutivas insoportablemente perniciosas.
Evitad los horrores de sus temibles enfermedades, guerras y hambrunas,
Y restableced sus espíritus en vuestro mar de dicha y felicidad!

¡Dignaos contemplar a los religiosos del País de las Nieves!
Impecablemente dominado por medio de duras tácticas
Por los malévolos invasores;
Que vuestra compasión se muestre con milagrosa velocidad
Para detener el torrente de sangre y lágrimas!

¡Ah! Esos crueles pueblos se engañan a sí mismos y a los demás,
Empujados a la conducta demente por el mal de las pasiones adictivas;
Tened misericordia y devolvedles su honrada perspicacia del bien y el mal,
¡Utilizad el amor y la bondad para reunirlos en la gloria de la amistad humana!

Concedednos nuestro deseo más profundo, el que tanto tiempo
Albergan en secreto nuestros corazones,
La gloria natural de la libertad perfecta de todo el Tíbet,
¡Y garantizadnos la buena fortuna de disfrutar una vez más
De la fiesta milenaria de la unión de lo secular y lo sagrado!
¡Que May Chenraysig, el Mesías de Potala,
Proteja con compasión a este pueblo que ha sufrido tantas situaciones penosas,
Que ha entregado el cuerpo, la vida y todas sus posesiones
Por las enseñanzas, por sus defensores, sus seguidores
Y la norma sagrada/secular!

¡Después de todos mis rezos pronto aparecerá el alba resplandeciente
La complacencia del magnífico voto de mantener el Tíbet
Jurado por el Mesías, Chenraysig el Señor,
En presencia de todos los Budas y Bodhisattvas!

¡Por el poder de la profunda relatividad, realidad del mundo y el vacío,por la fuerza de la misericordia de las Tres Joyas, la fuerza de esta palabra de verdad,

Y por la fuerza de la verdad de los inexorables efectos de la evolución...
Que nuestra plegaria de verdad se haga realidad con rapidez y sin interferencia![377]

[377] Robert A. F. Thurman, *El budismo tibetano esencial*, editorial Robin Book, España, 1998, pp. 334-335.

VII. Meditaciones: Anapanasati sutta y Metta sutta

Anapanasati sutta[378]

¿Cómo se desarrolla y practica continuamente el método de respirar con plena conciencia para que la práctica sea gratificante y produzca grandes beneficios?

Se realiza bhikkhus[379] de la siguiente manera: el practicante debe ir al bosque, al pie de un árbol o en un lugar desierto, y sentarse de una manera estable en la postura del loto, manteniendo el cuerpo derecho y practicando así:

"Inspirando,
sé que estoy inspirando.
Espirando,
sé que estoy espirando.

1. Al inspirar profundamente, sé que estoy inspirando profundamente.
   Al espirar profundamente, sé que estoy espirando profundamente.

---

[378] El Anapanasati sutta se compone de seis partes. La que aquí se presenta es la segunda, que hace referencia a la manera en que Buda recomienda a sus discípulos meditar sobre la respiración. La primera parte el Buda habla sobre el progreso espiritual. En la tercera expone cómo desarrollar los cuatro fundamentos de la atención; en la cuarta describe los factores del despertar. Y las dos últimas son consejos generales. Este sutra aparece completo en www.librosbudistas.com. La traducción que aquí se transcribe es del libro de Thich Nhat Hanh, *Las enseñanzas de Buda*, editorial Oniro, España, 2002, pp. 13 a la 19.

[379] Se les llamaba bhikkhus a todos los discípulos de Buda.

2. Al inspirar ligeramente, sé que estoy inspirando ligeramente.
   Al espirar ligeramente, sé que estoy espirando ligeramente.

3. Al inspirar, soy consciente de todo mi cuerpo.
   Al espirar, soy consciente de todo mi cuerpo.
   Así se practica.

4. Al inspirar, sereno todo mi cuerpo.
   Al espirar, sereno todo mi cuerpo.
   Así se practica.

5. Al inspirar, me siento alegre.
   Al espirar, me siento alegre.
   Así se practica.

6. Al inspirar, me siento feliz.
   Al espirar, me siento feliz.
   Así se practica.

7. Al inspirar, soy consciente de mis formaciones mentales.
   Al espirar, soy consciente de mis formaciones mentales.
   Así se practica.

8. Al inspirar, sereno mis formaciones mentales.
   Al espirar, sereno mis formaciones mentales.
   Así se practica.

9. Al inspirar soy consciente de mi mente.
   Al espirar, soy consciente de mi mente.
   Así se practica.

10. Al inspirar, hago que mi mente sea feliz.
    Al espirar, hago que mi mente sea feliz.
    Así se practica.

11. Al inspirar, concentro mi mente.
    Al espirar, concentro mi mente.
    Así se practica.

12. Al inspirar, libero mi mente.
    Al espirar, libero mi mente.
    Así se practica.

13. Al inspirar, observo la naturaleza impermanente de todos los dharmas.
    Al espirar, observo la naturaleza impermanente de todos los dharmas.
    Así se practica.

14. Al inspirar, observo la desaparición del deseo.
    Al espirar, observo la desaparición del deseo.
    Así se practica.

15. Al inspirar, observo la cesación.
    Al espirar, observo la cesación.
    Así se practica.

Al inspirar, observo el desapego.
Al espirar, observo el desapego.
Así se practica.

El respirar con plena conciencia, si se desarrolla y practica continuamente según estas instrucciones, será gratificante y producirá grandes beneficios.

Metta sutta[380]

Aquel que desee penetrar el estado de paz
y perseguir su bienestar debe ser capaz,
recto, muy recto, afable, apacible y sin vanidad.

Debe estar satisfecho,
ser fácil de mantener,
tener pocas actividades y posesiones,
ser controlado en sus sentidos,
ser prudente, sin desvergüenza y sin apegos a familias.

No debe cometer la más mínima falta que pudiera ser objeto de censura
por parte de los sabios y las sabias.

Que todos los seres estén felices y seguros.
Que estén felices en sus corazones.

Que todos los seres que existen, débiles o fuertes, largos o grandes, medianos o bajos, pequeños o gruesos, conocidos o desconocidos, cercanos o lejanos, nacidos o por nacer, que todos los seres sin excepción estén felices.

Que nadie engañe ni desprecie a otra persona en ningún lugar;
que no desee el daño de los demás con enojo o malevolencia.

Así como una madre o un padre protege a su única hija o hijo a costa de su propia vida,

---

380 Éste es uno de los más bellos sutras del budismo. Existen muchas versiones, pero entre ellas no hay fuertes diferencias. La presente versión está copiada de www.librosbudistas.com.

de la misma forma uno debe cultivar un corazón sin límites hacia todos los seres.

Que los pensamientos de amor llenen todo el mundo, arriba, abajo y a lo largo; sin ninguna obstrucción, sin odio, sin enemistad.

Parado, caminando, sentado o acostado, mientras despierto, uno debe cultivar esta meditación de amor. Ésta, dicen, es la conducta más elevada aquí.

Sin caer en opiniones erróneas, virtuoso y habiendo alcanzado el conocimiento del primer sendero, uno elimina el apego a los sentidos y verdaderamente no vuelve a ser concebido de nuevo en el vientre.

Estimado lector: si usted desea que el autor imparta conferencias, talleres o cursos sobre el presente libro, o de algún tema en particular, por favor consulte la página web:

www.kalamas.org.mx

o escriba a:

budismokalamas@gmail.com

Gracias.

Esta obra se terminó de imprimir en agosto de 2011, en los Talleres de

IREMA, S.A. de C.V.
Oculistas No. 43, Col. Sifón
09400, Iztapalapa, D.F.